Heinrich Hebgen

Ratgeber Kachelöfen

Heinrich Hebgen

Ratgeber Kachelöfen

Technischer Aufbau

Betrieb

Gestaltung

Friedr. Vieweg & Sohn   Braunschweig / Wiesbaden

CIP-Kurztitelaufnahme der Deutschen Bibliothek

Hebgen, Heinrich:
Ratgeber Kachelöfen: techn. Aufbau, Betrieb, Gestaltung/Heinrich Hebgen. — 2., durchges. Aufl. — Braunschweig, Wiesbaden: Vieweg, 1981.
ISBN 3-528-18841-3

1. Auflage 1980
2., durchgesehene Auflage 1981

Satz: Vieweg, Braunschweig
Druck: E. Hunold, Braunschweig
Buchbinder: W. Langelüddecke, Braunschweig
Lithographie: Carl Schütte & C. Behling, Berlin
Printed in Germany

ISBN 3-528-18841-3

Inhalt

Vorwort

Von den offenen Feuerstellen der Urzeit abgesehen, ist der Kachelofen wohl das älteste Heizgerät, das wir kennen, sicherlich aber der Wärmespender mit der längsten Tradition – es sind immerhin mehr als 1000 Jahre.

Der Kachelofen gibt eine milde und als angenehm empfundene Wärme ab. Von allen Heizsystemen entspricht er den physiologischen Bedürfnissen des menschlichen Körpers am besten. Mit dieser Aussage sollen aber keinesfalls die modernen Zentralheizungssysteme, ohne die wir heute Gebäude von einer bestimmten Größe an überhaupt nicht beheizen könnten, als ungünstige Heizeinrichtung eingestuft werden.

Der besondere Reiz eines Kachelofens liegt aber in der vielfältigen Gestaltungsmöglichkeit seiner äußeren Form und dem mehr oder minder ausgeprägten Relief der Ofenkacheln mit ihren herrlichen Glasurfarben.

Kachelöfen sind nicht genormt, jede Anlage kann nach individuellen Wünschen geplant werden; genormt oder nach einheitlichen Maßen gefertigt sind höchstens die Kacheln und andere Teile, aus denen der Kachelofen gebaut wird.

Kachelöfen haben praktisch alle Stilrichtungen der vergangenen Jahrhunderte mitgemacht. Man hat es aber auch verstanden, sie weiterzuentwickeln, so daß wir heute über moderne Heizgeräte verfügen, in denen, neben den altbekannten Brennstoffen – wie Holz und Kohle –, auch Heizöl, Strom oder Gas sinnvoll eingesetzt werden können. Darüber hinaus ist es möglich, Kachelflächen über eine vorhandene Warmwasserheizung zu erwärmen.

Seit einigen Jahren erlebt der Kachelofen eine neue Blütezeit. Neben dem schon lange bestehenden Wunsch nach der „Kachelofen-Gemütlichkeit" ist es besonders das immer größer werdende Interesse an einer krisenfesten Zweitheizung. Hierfür ist der Kachelofen in idealer Weise geeignet, z. B. mit Holzfeuerung oder Allesbrenner-Heizeinsätzen.

Der Kachelofen als Zweitheizung kann vor allem in den Übergangszeiten, wenn sich der Betrieb der Hauptheizung noch nicht lohnt, die Erwärmung der Wohnung übernehmen. Außerdem läßt er sich in Verbindung mit modernen Heiztechniken, wie z. B. Wärmepumpe, Energiedach usw., als weitere Komponente bei der bi- oder multivalenten Heizung einsetzen.

Wer sich einen Kachelofen anschaffen will, sollte auch über die Technik dieses Heizsystems Bescheid wissen. Dieses Wissen zu vermitteln ist das Hauptanliegen des vorliegenden Buches.

Echte Kachelöfen werden stets individuell geplant, berechnet, meistens auch gezeichnet und erst dann Kachel für Kachel ortsfest ***gesetzt***. Dazu braucht man den fachlich geprüften Kachelofenbauer. Es sei jedem Interessenten empfohlen, den Kontakt zu diesem Fachmann so früh wie möglich aufzunehmen. Ob nun der Kachelofen in einen Neubau eingebaut werden soll oder nachträglich in eine Wohnung, je früher das informierende Gespräch mit dem Fachmann stattfindet, um so maßgerechter in Aussehen und Leistung wird der Kachelofen ausfallen.

Dem Geschäftsführer der HAGOS, der Genossenschaft der deutschen Kachelofenbauer, Herrn Martin Philipp, möchte ich recht herzlich danken für seine wertvollen Hinweise, die er mir aufgrund seines langjährigen Umgangs mit Kachelöfen geben konnte.

Juni 1980 Heinrich Hebgen

Behaglichkeit

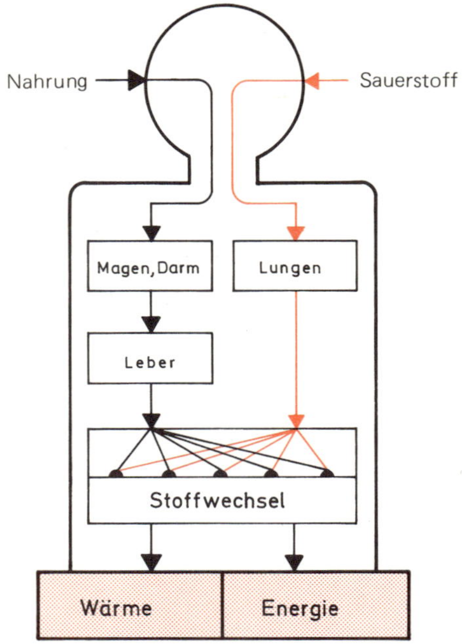

Schematische Darstellung des Energiestoffwechsels (nach Grandjean)

Die Behaglichkeit ist eine wichtige Voraussetzung für die Erhaltung des Wohlbefindens und der Leistungskraft. Sie wird subjektiv empfunden, läßt sich nicht mit eindeutigen Meßwerten ermitteln und auch nicht, wie z. B. die Einsparung von Energie, in Mark und Pfennig bewerten. Das Behaglichkeitsempfinden ist von Person zu Person je nach körperlicher Tätigkeit, Alter, Geschlecht, Bekleidung und der Tageszeit verschieden.

Von den physikalischen Behaglichkeitsgrößen, so wie sie in der „Behaglichkeitsrosette" auf Seite 10 dargestellt sind, kommt der Lufttemperatur, der Umschließungsflächentemperatur, der Luftfeuchte und der Luftbewegung erhöhte Bedeutung zu. Diese wichtigen Behaglichkeitskomponenten lassen sich bereits bei der Planung und Einrichtung eines Gebäudes oder Raumes beeinflussen.

Der menschliche Wärmehaushalt

Die Körperwärme ist in der Hauptsache eine Folge des Energiestoffwechsels. Die auf dem Wege der Nahrungsaufnahme dem menschlichen Organismus zugeführte chemische Energie wird in Gewebe, Organen und Muskeln in Wärme und mechanische Energie umgesetzt, so wie es im nebenstehenden Bild schematisch dargestellt ist. Dabei stellt sich eine Normal- oder Kerntemperatur des menschlichen Körpers mit rund 37 °C ein.

Hauttemperatur

Die Körperwärme gelangt durch das Blut von den inneren Organen an die Hautflächen und wird von dort an die Luft der Umgebung weitergeleitet. Die Temperatur an der Oberfläche des Körpers ist geringer als die eigentliche Körpertemperatur. Sie nimmt um so mehr ab, je weiter der betreffende Körperteil von Kopf und Rumpf entfernt ist. Die Hauttemperatur ist außerdem abhängig von der Temperatur der umgebenden Raumluft, an die ständig Wärme abgegeben wird, umso mehr, je kälter die Umgebung ist.

Erhöhter Wärmebedarf

Mit zunehmender Betätigung und Bewegung steigt die Wärmeabgabe und somit der Energie- bzw. Nahrungsmittelbedarf, ebenso wie der Luftbedarf an. Als Folge der erhöhten Belastung erweitern sich die Blutgefäße, der Körper beginnt zu schwitzen.

Zu geringe Wärmeerzeugung

Wird zu wenig Wärme im Körper erzeugt, dann ziehen sich bei äußerer Abkühlung die Blutgefäße der Haut zusammen (Gänsehaut); die Hauttemperatur sinkt und die Wärmeabgabe geht zurück, ebenso die Feuchtigkeitsabgabe. Geht der Wärmeentzug weiter, wird durch Muskelzittern zusätzlicher Stoffwechsel angeregt und damit zusätzliche Wärme erzeugt.

Soweit es den menschlichen Wärmehaushalt betrifft, liegen also die Grenzen der Behaglichkeit zwischen Schwitzen und Frieren. In diesem Bereich muß der Mensch ohne besondere Hilfsmittel die eigene Wärmestabilität erhalten können.

Wärmeaustausch mit der Umgebung

Zwischen dem Körper und seiner Umgebung besteht ein ständiger Wärmeaustausch als weitere Art der Wärmeregulation. Dieser Wärmeaustausch erfolgt auf vier verschiedenen Wegen. Die angegebenen Anteile in % beziehen sich auf die Wärme- bzw. Wasserabgabe des Menschen im Ruhezustand bei etwa 20 °C Raumlufttemperatur

1. Durch **Wärmestrahlung** zwischen Körperoberfläche und den Raumumschließungsflächen (Wände, Decken, Fußboden, Inventar). Diese Art der Wärmeabgabe ist in erster Linie abhängig von der Temperaturdifferenz zwischen Haut und umgebenden Oberflächen. Die abgestrahlte Wärmemenge des bekleideten Menschen beträgt etwa 45 % der gesamten abgegebenen Wärme. Sie steigt an, wenn die Raumtemperatur sinkt.

2. Durch **Wärmekonvektion**, die abhängig ist von der Temperaturdifferenz zwischen der Haut und der umgebenden Luft sowie vom Ausmaß der Luftbewegung. Der Wärmeaustausch durch Strömung beträgt ca. 25 % des Gesamt-Wärmeaustausches.

3. Durch **Wärmeleitung**, was in erster Linie von der Wärmeleitfähigkeit der die Haut berührenden Gegenstände und Materialien abhängt (Kontaktwärme). Anschauliches Beispiel: Beim Berühren mit der nackten Hand oder dem nackten Fuß wirkt

– ein Steinboden mit hoher Wärmeleitfähigkeit sehr kalt;
– ein Holzbelag angenehm, da er nur wenig Wärme entzieht;
– ein Schaumstoff warm, da er dem Körper fast keine Wärme entzieht.

Der bekleidete Mensch verliert durch Wärmeleitung nur geringe Wärmemengen

4. Durch **Verdunstung und Atmung** (latente Wärme). Dabei handelt es sich um eine Funktion der Körperoberfläche und des Dampfdruckgefälles zwischen Haut und Umgebung sowie um die Abführung feuchter und warmer Atemluft über die Lunge. Die so bedingte Wärmeabgabe beträgt zusammen etwa 25 % und nimmt beim Ansteigen der Raumlufttemperatur entsprechend zu.

Grenzen der Wärmebelastung

Der menschliche Körper ist in der Lage, für eine gewisse Zeit seinen Wärmehaushalt selbst zu regulieren. Darüber hinaus ist er aber auf günstige Umweltbedingungen, besonders auf die Anpassung des Raumklimas angewiesen. Der Körper befindet sich im Zustand optimalen Wohlbefindens, wenn Wärmeproduktion und Körperentwärmung im Gleichgewicht sind.

Folgen für die Heizung

Zur Anpassung an die mittlere menschliche Wärmeabgabe sollte eine ideale Heizung so beschaffen sein, daß sie etwa zu

45 % mittels Strahlung und
55 % mittels Konvektion

ihre Wärme an den Raum abgibt, um als angenehm empfunden zu werden. Die Verluste durch Verdunstung und Atmung können allerdings über die Heizung nicht ausgeglichen werden.

Temperatur der Raumumschließungsflächen

Wenn wir die Behaglichkeitsrosette auf Seite 10 betrachten, nimmt unter allen einwirkenden Faktoren diese Komponente den größten Anteil bei der Beurteilung der Raumbehaglichkeit ein. Das ist auch verständlich, denn die Wärmeabgabe des Menschen sollte nach allen Seiten des Raumes möglichst gleichmäßig sein. Die Voraussetzung hierfür ist eine weitgehend einheitliche Temperatur aller Raumumschließungsflächen (Wände, Fußboden, Decke).

Die vom Menschen empfundene Temperatur kann als Mittel aus der Temperatur der Raumluft und der durchschnittlichen Temperatur der Umschließungsflächen angenommen werden. Diese Umgebungstemperatur sollte so sein, daß es nur zur physiologisch notwendigen Wärmeabgabe kommt, der Mensch also nicht friert und auch nicht schwitzt. Dieses optimale Raumklima, bei dem die Temperaturen der Luft und der Umschließungsflächen gleich sind, wird jedoch in den bis heute gebauten Häusern und bei den bisherigen Heizungsgewohnheiten kaum erreicht werden.

Als Minimalforderung sollte gelten, daß im Winter die Temperatur der Umschließungsflächen nicht mehr als 2 K (Kelvin, bisher Grad) von der Raumlufttemperatur abweicht. Für den Sommerzustand kann die Abweichung nach oben etwa 3 K betragen. Wie bereits erwähnt, ist diese Einstufung eine besonders wichtige Voraussetzung für ein behagliches Raumklima.

In diesem Zusammenhang muß darauf hingewiesen werden, daß die Mindest-Wärmedämmwerte der Außenwände in der Wärmeschutzverordnung wie auch in der Neufassung der DIN 4108 – Wärmeschutz im Hochbau – entschieden zu niedrig angesetzt sind. Mit einem Wärmedurchlaßwiderstand von 0,55 m^2 K/W (k-Wert 1,39 W/m^2 K) ergibt sich bei einer Außentemperatur von – 10 °C und einer Raumtemperatur von + 20 °C eine innere Oberflächentemperatur an der Außenwand mit + 15 °C; sie liegt hiermit um 5 K unter der Raumtemperatur.

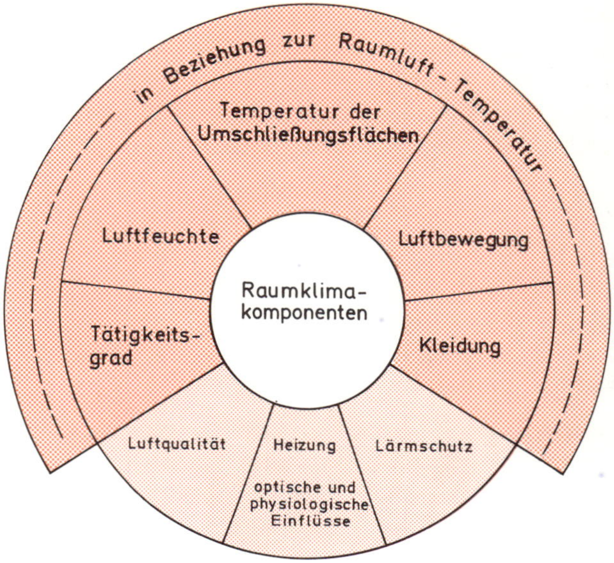

Die Behaglichkeit wird von vielen das Raumklima beeinflussenden Faktoren bestimmt.
Die wesentlichen Komponenten stehen in Beziehung zu der Raumluft-Temperatur.
Das Gefühl der Behaglichkeit wird also weitgehend durch die Wärmeempfindung vermittelt.

Zur Erzielung einer Oberflächentemperatur von + 18 °C ist dagegen ein Dämmwert von mindestens 1,70 m^2 K/W (k-Wert 0,54 W/m^2 K) erforderlich.

Kritisch bleiben nach wie vor die Fenster, selbst wenn nunmehr dicht schließende Fenster mit Isolierverglasung vorgeschrieben sind. Wird der Dämmwert der Fenster noch weiter erhöht, z. B. durch Dreifachverglasungen, beträgt die Innentemperatur der Scheiben, bei einer Außentemperatur von – 10 °C, etwa 12 °C. Fenster haben daher für die Behaglichkeit eine nicht zu unterschätzende Bedeutung.

Raumluftfeuchte

Luft enthält in der Regel Wasser in Form von Wasserdampf. Je nach Temperatur können von der Luft bestimmte Mengen an Luftfeuchte aufgenommen werden. Sind diese Feuchtemengen erreicht, dann ist die Luft mit Wasserdampf gesättigt. Wird der Luft zusätzlich Wasserdampf beigemischt, dann kondensiert Wasser in kleinen Tröpfchen aus.

Relative Luftfeuchte

Luft hat gewöhnlich nur einen Teil des höchstmöglichen Feuchtegehaltes. Man spricht dann von der relativen Luftfeuchte, nämlich dem Prozentsatz der bestehenden Feuchtigkeitsmenge in bezug auf die Sättigungsmenge mit 100 %.

Ein Anstieg der relativen Luftfeuchte wird nicht nur durch Feuchtigkeitszufuhr erzeugt, sondern auch durch Absinken der Lufttemperatur, also durch Verminderung der Aufnahmefähigkeit der Luft.

Aus Gründen der Behaglichkeit und der Gesundheit soll die relative Luftfeuchte 40 bis 60 % betragen. Zu feuchte oder zu trockene Luft können sich nachteilig auf das körperliche Wohlbefinden auswirken, so wie nachstehend ausgeführt ist.

Zu feuchte Luft

- Die Hautverdunstung nimmt zu, man beginnt zu schwitzen.
- Die Bildung von Schimmel und Sporen wird erleichtert, z.B. bei Wärmebrücken*).
- Schwitzwasser kann auf dichten Oberflächen einen Wasserfilm bilden, tropfenweise ablaufen und die Wände verschmutzen.
- Feuchter Staub ist Träger von Krankheitserregern.

Das einfachste Mittel, übermäßige Luftfeuchte abzuführen, ist eine wirkungsvolle Lüftung, möglichst bei hohen Raumtemperaturen, also höchster Waserdampfkonzentration.

Zu trockene Luft

Aus medizinischen Gründen sollte die relative Luftfeuchte nicht unter 30 % absinken, da sonst folgende Nachteile entstehen können:

- Ihr dauerndes Einatmen führt zu Austrocknungserscheinungen in den Schleimhäuten und kann Anlaß für Krankheiten in den Atemwegen sein.
- Die Bildung von Staub und dessen Verbreitung wird gefördert, außerdem nehmen die elektrostatischen Aufladungen zu.
- Staub bildet sich besonders auf Heizkörpern mit höheren Temperaturen, wo er verschwelt und mit der Wärmeströmung in die Raumluft übergeht.
- Die Ausbreitung von Gerüchen wird begünstigt.
- Bei zu geringer Luftfeuchte können bei Holzverkleidungen und Möbeln Schwindrisse entstehen.

Maßnahmen gegen die Lufttrockenheit sind Klimageräte, Wasserzerstäuber und Wasserverdampfer. Ihre Wirkung darf allerdings nicht überschätzt werden.

Die Luftfeuchte hat also größte Wichtigkeit für das Selbstreinigungssystem der Atemwege. Ihre weitere Funktion ist die Ausgleichung der im menschlichen Körper ständig entstehenden Verdunstungsverluste, auch wenn dieser sich in größter Ruhe befindet.

Frischluftversorgung

Eine grundsätzliche Voraussetzung für Wohlbefinden und Wohlbehagen des Menschen ist eine gut funktionierende Lungen- und Hautatmung. Zur Durchführung des Verbrennungsprozesses im Körper braucht nämlich der Organismus Sauerstoff, den er der Umgebungsluft durch Atmung entnimmt. Der nicht verbrauchte Sauerstoff wird zusammen mit Anteilen an Stickstoff, Wasserdampf und Kohlendioxid wieder ausgeatmet.

---

*) Wärmebrücken sind einzelne, begrenzte Stellen in Außenbauteilen, die eine geringere Wärmedämmung aufweisen als die umgebende Fläche wie z. B. ein ungedämmter Betonsturz in einer gut gedämmten Außenwand.

Es muß sichergestellt sein, daß die Lüftung zu allen Jahreszeiten und bei allen Klimabedingungen funktionsfähig ist. Die Frischluftversorgung der Wohnräume ist also ein weiterer wichtiger Faktor der Gesundheit.

Saubere Luft

Der Mensch trägt zur Verschlechterung der Raumluft allein durch seine Anwesenheit bei. Darüber hinaus erfolgt eine Luftbelastung durch unerwünschte Gerüche und Dünste (WC, Küche) sowie das Rauchen. Tabakrauch enthält bekanntlich die Schadstoffe Nikotin, Teerdämpfe und Kohlendioxid, die sich infolge ihres höheren spezifischen Gewichtes im unteren Bereich der Wohnräume ablagern. Außerdem kann die Raumluft auch noch durch Staub verunreinigt sein.
Von außen können in die Wohnräume Abgase von Fahrzeugen und Schornsteinen eindringen.
Die verbrauchte und verunreinigte Raumluft muß durch frische Außenluft ersetzt werden. Dies geschieht am wirkungsvollsten durch eine ausreichend bemessene und möglichst regulierbare Lüftung.

Schlafräume sollten auch während der Nacht ausreichend gelüftet werden, damit der durch ausgeatmete Luft entstehende Kohlendioxid-(CO_2-) Anteil einschließlich der Riechstoffe und Körperausdünstungen entfernt und durch sauerstoffreiche Frischluft ersetzt wird.

Luftbewegung

Einen Einfluß auf das Behaglichkeitsempfinden des Menschen hat auch die Luftgeschwindigkeit. Bei einer zu hohen Luftgeschwindigkeit (Zugerscheinungen) erfolgt eine größere Entwärmung des Körpers. In erhöhtem Maße zugempfindlich sind kranke und alte Menschen. Aber auch der gesunde und jüngere Mensch ist im geschlossenen Raum meist empfindlicher gegen Luftbewegungen als bei einem Aufenthalt im Freien.

Eine Luftbewegung wird noch als angenehm empfunden, wenn sie nicht mehr als 0,2 m pro Sekunde beträgt.

Wohnungslüftung

Der vom Menschen beanspruchte Luftbedarf ist erheblich. Der Mensch verbraucht durch Atmung teilweise den Sauerstoff der Luft und gibt beim Ausatmen Kohlendioxid wieder ab. Der stündliche Luftbedarf beträgt bei vollkommener Ruhe etwa 500 Liter und steigert sich bei entsprechender Tätigkeit bis zu über 5 000 Litern bei Schwerarbeit.
Im Wohnungsbau war bisher die Fensterlüftung oder die Fugenlüftung die einzige Möglichkeit zur Deckung des hygienisch erforderlichen Luftwechsels. Die notwendige Erwärmung der einströmenden Frischluft war Aufgabe der Raumheizung. An die damit verbundenen Unzulänglichkeiten (Zugbelastung, Geräuschbelästigung, unzureichende Lüftung) hatte man sich offensichtlich gewöhnt.

Auf die ab und zu gepriesene Lufterneuerung durch eine sogenannte Maueratmung sollte man sich jedoch nicht verlassen. Versuche haben eindeutig ergeben, daß diese entweder überhaupt nicht stattfindet oder aber bei porösen Baustoffen mit durchlässigen Verkleidungen in so geringem Maße, daß sie rechnerisch nicht zu erfassen ist.
Dagegen kann man sich aber auf einen Kachelofen als Helfer bei der Lufterneuerung verlassen, weil er beim Verbrennungsvorgang entsprechende Mengen Luft ansaugt.

Fensterlüftung als Stoßlüftung

Bei den heutigen wärme- und schalltechnisch gut gebauten Fenstern und Türen ergeben sich Luftwechsel, die allein für eine ordnungsgemäße Durchlüftung der Wohnung nicht mehr ausreichen. Zusätzliche und möglichst kontrolliert betriebene Lüftungen sind deshalb erforderlich. Sofern diese

Einrichtungen nicht zur Verfügung stehen, sollte die Fensterlüftung durch Öffnen des Fensterflügels nur als Stoßlüftung, d. h. kurz, aber kräftig, durchgeführt werden. Morgens sind alle Räume 20 bis 30 Minuten gut zu durchlüften; während des Tages je nach Nutzung der Räume drei- bis viermal jeweils für 10 bis 15 Minuten, und zwar stets bei vollständig geöffnetem Fenster.
Im Winter dringt bei der Stoßlüftung kalte Außentemperatur in den Raum ein, der jedoch bei einer ausreichenden Wärmespeicherfähigkeit seiner Umschließungsbauteile nicht oder nur unmerklich auskühlt. Im Anschluß an die Stoßlüftung wird die Raumluft wieder auf ihre ursprüngliche Temperatur aufgeheizt. Mit der Stoßlüftung werden vor allem die in der Raumluft enthaltenen Verunreinigungen durch Gase, Dämpfe und Stäube auf ein hygienisch unbedenkliches Maß verdünnt und beseitigt.

Kachelofen und Behaglichkeit

Zur Hebung des Behaglichkeitsgefühls in einem Raum kann ganz besonders ein gut gebauter Kachelofen beitragen. Allein schon das Bild eines schön gestalteten Ofens löst angenehme Empfindungen aus, auch wenn er nicht in Betrieb ist; das Wohlbefinden wird noch erhöht, wenn der Kachelofen seine angenehme Strahlungswärme abgibt. Dazu kommt noch, daß von allen Heizsystemen der Kachelofen den physiologischen Bedürfnissen des menschlichen Körpers am besten entspricht.
Bei einer Raumbeheizung mit einem Kachelofen, der mit festen, flüssigen oder gasförmigen Brennstoffen gefeuert wird, ergibt sich ein zwangsläufiger Luftaustausch über die sogenannte Feuerventilation, eine Eigenschaft, die bei geschlossenen Zentralheizungen nicht vorhanden ist.

Wärmespeicherung

Wärmespeicherung ist die Eigenschaft von Stoffen, zugeführte Wärme aufzunehmen, also zu speichern, um sie bei Abkühlung der Umgebung wieder abgeben zu können.

Im Winter erwärmen sich die Räume im Haus durch Heizen, sonstige innere Wärmequellen und Sonneneinstrahlung. Dabei erwärmt sich nicht nur die Raumluft; es erwärmen sich mehr oder minder auch die raumumschließenden Bauteile und alle Einrichtungen.

Ein Bauteil oder Gegenstand im Raum erwärmt sich solange, bis seine Temperatur der Temperatur der Umgebungsluft entspricht. Kühlt sich dann die umgebende Luft unter die Temperatur des Bauteils oder Einrichtungsgegenstandes ab, wird ihr nun im umgekehrten Ablauf gespeicherte Wärme zugeführt.

Ein anschauliches Beispiel hierfür ist die Wärmeaufnahme und -abgabe beim Kachelofen, aber auch die Raum-Durchlüftung während der kühleren Nacht, wobei gespeicherte Sommerhitze abgeführt wird.

Die Wärmeaufnahme bei der Speicherung erfolgt um so schneller, je günstiger die Wärmeeindringfähigkeit der betreffenden Raumbegrenzungsfläche und der übrigen speicherfähigen Gegenstände im Raum ist. Günstig für eine rasche Wärmeaufnahme sind u.a. Holz und Holzwerkstoffe, Gipskartonplatten, leichte Gipsputze. Bauteile aus Beton oder Stahlbeton besitzen zwar eine sehr hohe Wärmespeicherzahl sind aber für die Wärmeaufnahme etwas träge.

Bei der Wärmespeicherung von Außenbauteilen kommt es ganz besonders auf die richtige Reihenfolge der einzelnen Bauteilschichten an.

- Eine massive Wand ist nur ein mäßiger Wärmespeicher, selbst wenn sie mehr als 30 cm dick ist.
- **Ein Dämmstoff allein kann überhaupt keine Wärme speichern, auch wenn mitunter irreführend behauptet wird, daß wenige Zentimeter eines Dämmstoffes meterdicken Massivwänden entsprechen.**
- Wird der Dämmstoff auf der Innenseite des Außenbauteiles angebracht (Innendämmung), so verhindert er den Wärmeabfluß vom Raum ins Mauerwerk. Für die Wärmespeicherung stehen dann nur die dünnen Putzschichten über der Dämmplatte zur Verfügung, die aber bezüglich der Wärmespeicherung kaum eine Wirkung zeigen.
- Wird dagegen die zusätzliche Dämmschicht auf der Außenseite einer massiven Wand aufgebracht, ergibt sich eine sehr gute Wärmespeicherung.

Das Wärmespeichervermögen erhöht sich mit zunehmender Dicke des jeweiligen Bauteils; von einer gewissen Dicke ab tritt jedoch keine nennenswerte Speicherung mehr ein. Je nach Rohdichte werden von der raumseitigen Oberfläche her ca. 10 cm Eindringtiefe beansprucht, um etwa 90 % der möglichen Speicherwärme aufzunehmen.

Als brauchbare, wenn auch nicht optimale Wärmespeicher können auch schwere Innenbauteile angesehen werden, wie z. B. 11,5 cm dicke Wände aus mittelschweren oder schweren Baustoffen.

Bei der Wärmespeicherung spielt auch die Raumgröße eine bedeutende Rolle. Ein kleiner Raum mit einem hohen Anteil an Begrenzungsflächen im Verhältnis zum Volumen kann wesentlich mehr Wärme speichern als ein Großraum mit anteilig geringen Umschließungsflächen.

Die Vorteile von gut speicherfähigen Raumumschließungsflächen können aber auch verlorengehen, wenn man sie mit großflächigen wärmedämmenden Abdeckungen versieht (Teppichbeläge, Schallschluckdecken).

Bei einer guten Wärmespeicherung, verbunden mit einer optimalen Wärmedämmung, kann die Heizung während der Nacht praktisch ganz abgestellt werden. Die Absenkung der Raumtemperatur beträgt dann nur noch 1 bis 2 °C, so daß am nächsten Morgen nur eine relativ kurze Aufheizzeit erforderlich ist.
Eine gute Wärmespeicherung ist vor allem bei Heizungssystemen erwünscht, deren Wärmeabgabe sich weniger exakt regeln läßt, wie z. B. bei der Fußbodenheizung oder Kachelöfen ohne Regeleinrichtungen.
Bei Kachelofenheizungen aller Art sind demnach gut wärmespeichernde Umfassungsbauteile ein unschätzbarer Vorteil.
Die Wärmespeicherung wirkt aber auch im Sommer ausgleichend auf das Raumklima. Bei einem guten Wärmespeichervermögen der Raumumschließungen werden diese zuerst von der eindringenden Außenwärme gefüllt bevor sich der Raum erwärmt. Bei Räumen mit nur geringem Speichervermögen kann dagegen ein unbehagliches Innenraumklima entstehen. Auf diese Weise tagsüber aufgeheizte Schlafräume — vor allem wenn sie in Dachgeschossen liegen — sind besonders unerträglich.
Ein wichtiger Beurteilungsfaktor für die Wärmespeicherung ist die Wärmespeicherungszahl W. Sie gibt die Wärmemengen in kJ (Kilo-Joule) an, welche von 1 m² Außenbauteil im Beharrungszustand gespeichert wird, wenn zwischen innen und außen ein Temperaturunterschied von 1 K (°C) vorhanden ist.
In der nebenstehenden Tabelle sind einige gebräuchliche Bauteile aufgeführt. Dabei ist zu beachten: Je größer die Wärmespeicherungszahl, desto besser die Wärmespeicherfähigkeit des betreffenden Bauteils.

Bauteil	Gesamtdicke cm	k-Wert $W/m^2 K$	Wärmespeicherungszahl W $kJ/m^2 K$
Einschalige Außenwand aus 36,5 cm Ziegel- oder Kalksandsteinen	40	1,15	200
Einschalige Außenwand aus 30 cm Hohlblocksteinen	33,5	1,11	177
Einschalige Außenwand aus 30 cm Leicht-Hochlochziegel	33,5	0,92	125
Einschalige Außenwand aus 30 cm Gasbeton-Planblöcken	33,5	0,56	92
Außenwand mit 5 cm äußerem Dämmputz auf 30 cm Leichtbeton-Vollsteinen	37,5	0,79	214
Außenwand mit 8 cm Außendämmung auf 24 cm mittelschwerer Tragwand	34,5	0,40	270
Außenwand mit 4 cm Innendämmung auf 24 cm mittelschwerer Tragwand	31,5	0,63	65
Außenwand mit 6 cm Innendämmung auf 16 cm Stahlbeton	23,5	0,56	27
Außenwand aus Holzwerkstoffen in Leichtbauweise	22	0,34	45
Geneigtes Ziegeldach mit 12 cm Dämmung und Holzverschalung	25	0,29	33
Stahlbeton-Flachdach mit 10 cm Dämmung	34	0,35	390
Stahlbetondecke unter nicht ausgebautem Dach mit 8 cm Dämmung	27	0,41	355
Holzbalkendecke unter nicht ausgebautem Dach mit 3 cm Dämmung	27	0,45	40
Kellerdecke aus Stahlbeton mit zusammen 5 cm Dämmung	25	0,59	330
Fußboden auf Erdreich mit 5 cm Dämmung	22	0,65	93
Schwere Innenwand aus 24 cm Ziegel- oder Kalksandsteinen	27	1,46	175
Innenwand wie vor, 11,5 cm	14,5	2,10	95
Innenwand aus 10 cm Gasbeton-Wandelementen	11	1,40	38
Leichte Innenwand aus Gips-Wandbauplatten	8	2,22	34
Zweischalige Innenwand aus 12,5 mm Gipskartonplatten	8,5	0,66	13

Die Raumheizung

Eine Beheizung der Räume ist notwendig, um in der kühlen und kalten Jahreszeit die Wärmeverluste auszugleichen. Dabei muß die Heizung auf den natürlichen Wärmeabfluß des menschlichen Körpers so einwirken, daß weder eine Auskühlung noch ein Wärmestau entsteht. Weiterhin muß sie die unterschiedlichen Oberflächentemperaturen der Raumbegrenzungen ausgleichen und diesen Gleichgewichtszustand auch erhalten.

Wie bereits bei der kurzen Beschreibung des menschlichen Wärmehaushalts erwähnt, ist **diejenige** Heizungsart am angenehmsten, die der natürlichen Wärmeabgabe unseres Körpers am nächsten kommt. Dabei wird eine in Maßen gehaltene Vergrößerung des Strahlungsanteils als angenehm, eine Erhöhung des Konvektionsanteils oft als weniger angenehm empfunden.

Bei der **Wärmestrahlung** werden elektromagnetische Wellen vom Wärmeerzeuger nach allen Seiten gleichmäßig ausgestrahlt, bis sie auf einen anderen festen Körper treffen, den sie erwärmen. Die Luft wird dabei nicht erwärmt. Wärmestrahlen sind langwellige infrarote Strahlen, im Gegensatz zu den kurzen Lichtwellen. Vorteilhaft sind möglichst großflächige Strahlungsquellen mit Abgabetemperaturen von 30 bis 100 °C; man spricht dann von einer „milden Strahlung". Mit zunehmender Entfernung von der Wärmequelle nimmt die Erwärmungstemperatur entsprechend ab.

Unter **Konvektion** versteht man das Vorbeistreichen der Raumluft an der Heizkörperoberfläche vom unteren kalten Bereich nach oben, wobei sich die Luft aufheizt und mit der übrigen Raumluft vermischt. Ausgesprochene Konvektionsheizungen sind ungünstig, da mit der bewegten Luft auch ständig Staub und schädliche Mikroorganismen aufgewirbelt oder in der Schwebe gehalten werden.

Bei einer Heiz**fläche** verschieben sich die Anteile von Strahlung und Konvektion bei steigender Oberflächentemperatur. Der Strahlungsanteil wird unangenehm höher. Während z. B. bei einer Temperatur der Heizfläche mit 100 °C das Verhältnis von Strahlung zu Konvektion 48 : 52 beträgt, liegen die Anteile bei 300 °C Heiztemperatur bei 62 : 38. Der Anteil der Wärmestrahlung erhöht sich auch bei einer Vergrößerung der Temperaturdifferenz zwischen der wärmeabgebenden Fläche und deren Umgebung.

Bei stark erhitzten Heizflächen kann der darauf gelagerte Staub verschwelen; bei glühenden Drähten, wie z. B. Elektro-Direktheizungen, sogar regelrecht verbrennen.

Wichtig bei allen Heizungsarten ist auch die optimale Ausnutzung des Brennstoffes. Bei jeder Verbrennung in einem Heizgerät wird chemische Energie in Wärmeenergie verwandelt, wobei Umwandlungsverluste entstehen. Diese Umwandlung ist optimal, wenn der Brennstoff vollständig verbraucht wird. Dies gelingt aber nur, wenn Heizgerät und Schornstein richtig bemessen und aufeinander abgestimmt sind. Es ist dann dafür zu sorgen, daß bei festen Brennstoffen im Wärmeerzeuger der Ansatz von Ruß vermieden bzw. durch eine regelmäßige Reinigung vorhandener Ruß beseitigt wird.
Bei einer unvollständigen Verbrennung werden die an und für sich farblosen Gase zu mehr oder minder dunkel bis schwarz gefärbtem Rauch. An der Rauchfahne am Schornsteinkopf erkennt man, ob die Verbrennung gut oder schlecht ist. Ein stark rauchender und rußender Schornstein ist immer ein Beweis dafür, daß im Wärmeerzeuger eine unvollkommene Verbrennung stattfindet. Die dabei entstehenden Brennstoffverluste lassen sich aus der nachfolgenden Rauchtabelle ersehen.

Rauchfarben	Brennstoff-verlust ca.
Hellgrauer Rauch	5 %
Grauer Rauch	10 %
Dunkelgrauer Rauch	15 %
Dunkler Rauch	20 %
Schwarzer Rauch	25 %

Kachelofenheizungen

Für alle Arten von Kachelofenheizungen, sofern sie mit festen, flüssigen oder gasförmigen Brennstoffen betrieben werden, gelten die nachstehend aufgeführten Vorteile bzw. Merkmale:

- Jeder Kachelofen benötigt zur Verbrennung der festen, gasförmigen oder flüssigen Brennstoffe erhebliche Mengen von Luft. Bei dauernd beheizten Öfen wird die Luft eines Raumes auf natürliche Weise vier- bis fünfmal in der Stunde erneuert.
  Für eine entsprechende Frischluftzufuhr muß selbstverständlich gesorgt werden, ggf. über besondere Zuluftöffnungen.
- Die zugeführte Luft durchströmt den Kachelofen bzw. Heizeinsatz und gelangt von dort in den Schornstein. Dabei werden auch alle unangenehmen Luftanteile, wie Gerüche, Staub und ein überhöhter Kohlendioxidanteil, ins Freie geleitet.
- Frische Außen- oder Raumluft strömt bei diesem Vorgang nach. Die empfundene Luftbewegung in Richtung Kachelofen ist gering und beträgt meist weniger als 0,10 m pro Sekunde (siehe auch Seite 11).
- Die Kacheln nehmen die im Feuerraum erzeugte Hitze auf, die dann langsam nach außen geleitet und dort abgestrahlt wird. Je nach Temperatur und keramischer Masse ergibt sich bei dieser Wärmeleitung eine entsprechende Verzögerung — die beim Kachelofen so sehr gerühmte Speicherwirkung. Dadurch läßt sich auch die Wärmeabgabe eines Kachelofens annähernd vorausbestimmen, indem man diese Speicherwirkung bewußt ausnutzt und die Feuerungsgewohnheiten darauf abstimmt.
- Die Oberflächen von Kachelöfen werden auf 50 bis 90 °C erwärmt. **In diesem Temperaturbereich entsprechen die Anteile der Strahlung bzw. der Konvektion weitgehend den Körperbedingungen.** Das ist eine der Ursachen, warum das Heizen mit einem Kachelofen als besonders angenehm empfunden wird.
- Ein besonderes Kennzeichen dabei ist die milde Strahlung, die von der großen Kacheloberfläche ausgeht — die behagliche Wärme des Kachelofens.
- Kachelöfen werden zweckmäßigerweise möglichst zentral und an der Innenwand eines Raumes aufgestellt. Dadurch werden die Außenbauteile (Außenwände, Fenster; mitunter auch Decken und Böden) gleichmäßig angestrahlt, wobei die Raumluft relativ kalt bleibt. Besitzen diese Außenbauteile selbst eine gute Wärmespeicherfähigkeit, so wird die aufgenommene Wärme in Zeiten, in denen der Kachelofen außer Betrieb ist oder nur noch geringe Abgabetemperaturen aufweist, wieder an den Raum zurückgegeben.

In diesem Zusammenhang soll noch kurz auf die Arbeitsweise der beiden hauptsächlichen Kachelofenarten eingegangen werden (vgl. hierzu auch die Übersicht auf Seite 19).

Kachelgrundofen

Der Kachelgrundofen als die Urform aller Kachelöfen wird durchweg aus keramischem Material aufgebaut, auch im Bereich der Feuerung. Lediglich die Hilfseinrichtungen (Roste, Aschekasten, Feuertüren) sind aus Metall. Die beim Abbrand frei werdende Wärmemenge durchdringt die durch entsprechend dicke Schamottesteine spezieller Qualität verstärkte Kachelwand. Infolge des hohen Wärmewiderstandes von keramischem Material geschieht diese Durchdringung mit einer gewissen Verzögerung mit dem Erfolg, daß eine milde Strahlungswärme abgegeben wird. Die Wärmespeicherung ist umso größer, je mehr keramisches Material vorhanden ist. Die am Kachelofen aufsteigende Luft erzeugt eine ebenfalls angenehme Konvektionswärme. Der Kachelgrundofen besitzt also – um ein anschauliches Bild zu gebrauchen – einen glühenden Kern in einer heißen Schale. Dabei können die Kacheln im Bereich der Feuerung bis zu 150 °C heiß werden, ohne daß man sich beim Berühren dieser Flächen verbrennt, so wie etwa bei einem Bügeleisen mit gleicher Temperatur. Dieses Phänomen ist durch die geringe Wärmeleitfähigkeit der aus Ton bestehenden Kacheln begründet, während dagegen Metalle eine außerordentlich hohe Wärmeleitfähigkeit haben.

Warmluft-Kachelofen

Bei dieser Bauart umschließt der Kachelmantel, der meist größer ist als beim Kachelgrundofen, einen Hohlraum (Heizkammer), in dessen Mittelbereich ein Heizeinsatz aufgestellt ist.
Von der Oberfläche des Heizeinsatzes mit 250 bis 300 °C Abgabetemperatur wird etwa 60 % Wärme durch Strahlung auf die gegenüberstehende Kachelwand übertragen, die sich dadurch auf bis zu 100 °C erwärmt. Infolge der geringen Wärmeleitfähigkeit der Kacheln erreicht die äußere Oberfläche der Kachelwand eine mittlere Temperatur von etwa 50 °C. Außerdem wird die im unteren Bereich des Warmluft-Kachelofens einströmende Frischluft in der Heizkammer zwischen Heizeinsatz und Kachelwand erwärmt, sie strömt nach oben und über entsprechende Öffnungen in den Raum bzw. über Schächte und Kanäle in darüber oder daneben liegende Räume.
Es ergibt sich also eine Doppelfunktion, nämlich abgestrahlte Wärme von der Kacheloberfläche verbunden mit einer gewissen Konvektion sowie ausströmende stärker erwärmte Luft.

Wärmebedarf

Grundlage für die Ermittlung des Wärmebedarfs ist in der Bundesrepublik die DIN 4701 – Regeln für die Berechnung des Wärmebedarfs von Gebäuden.

Der Wärmebedarf eines Gebäudes ist eine Gebäudeeigenschaft, die entsprechend den verwendeten Baustoffen errechnet wird; er dient als Grundlage für die Bemessung der Heizungsanlage.
Der Wärmebedarf ist umso geringer, je besser der Wärmeschutz des betreffenden Gebäudes oder Raumes ist. Die Verbesserung des Wärmeschutzes bedeutet somit eine Verkleinerung der Heizungsanlage und eine Verringerung des Brennstoffverbrauchs.

Bei der Feststellung des Wärmebedarfs ist zu berücksichtigen, ob es sich um eine Voll- oder Zusatzheizung handelt.

Zur überschlägigen Ermittlung der Wärmeleistung kann die Übersichtstabelle auf Seite 20 dienen. Sie ersetzt aber keinesfalls die nach den Regeln der DIN 4701 durchzuführende konkrete Berechnung, besonders wenn es sich um mehrere Räume oder ganze Gebäude handelt.

Benutzung der Tabelle, z. B. bei einem Raum

1. Die zu beheizende Raumfläche feststellen, z.B. 34 m².
2. Den Aufstellungsraum in eine der 5 Bauweisen einordnen, z. B. Stufe C.
3. In Spalte C der Tabelle ergibt sich für die knapp darunter liegende Raumfläche mit 32 m² eine erforderliche Wärmeleistung von ca. 4 000 W.
4. Danach kann dann die Größe des Kachelofens bestimmt werden.
   Im Zweifelsfalle sollte man einen Kachelofen nicht überdimensionieren, sondern eher eine Baustufe kleiner wählen. Er arbeitet dann wirtschaftlicher und braucht nur an den wenigen sehr kalten Tagen voll beheizt zu werden.

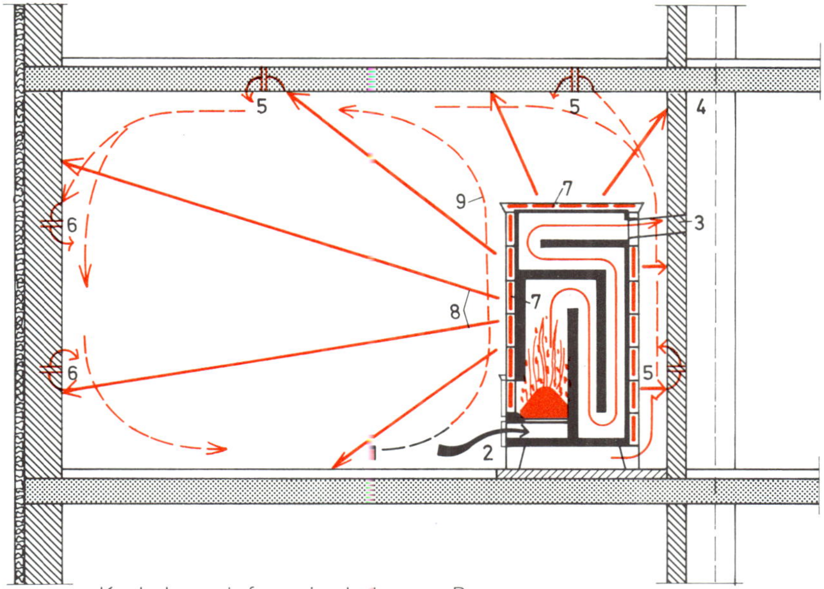

Kachelgrundofen mittelschwerer Bauart

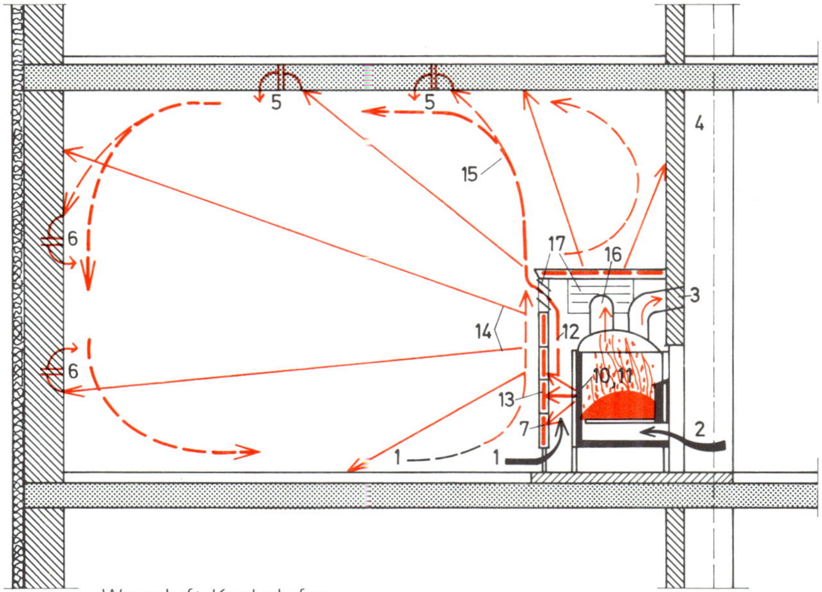

Warmluft-Kachelofen

Heiztechnische Wirkungsweise der Kachelöfen

1 Zuluft (Frischluft + Umluft)
2 Verbrennungsluft
3 Rauchgasrohr
4 Schornstein
5 Wärmespeicherung durch schwere Innenbauteile
6 Optimale Wärmespeicherung durch schwere Außenwand mit Außendämmung

7 Wärmeleitung durch die Kachelwand
8 ca. 48 % Wärmestrahlung, Oberflächentemperatur 70–150 °C
9 ca. 52 % Konvektion an der Kachelwand

10 Wärmeleitung durch den Heizeinsatz
11 ca. 60 % Wärmestrahlung, Oberflächentemperatur des Heizeinsatzes 250–300 °C
12 ca. 40 % Konvektion in der Heizkammer
13 Wärmeleitung durch den Kachelmantel
14 Wärmestrahlung, Oberflächentemperatur 50–60 °C
15 Konvektion insgesamt 55–75 %
16 Doppelbogen zu den (nicht sichtbaren) Nachheizzügen
17 Warmluft-Austritt

Wärmeleistung		Raumheizvermögen bei 5 unterschiedlichen Bauweisen Tabelle: zu beheizende Raumfläche in m²				
Watt (W)	kcal/h	A	B	C	D	E
1 000	850	6,2	6,9	8	9,1	11,1
1 500	1 300	9,4	10,3	12	13,6	16,7
2 000	1 700	12,5	13,8	16	18	22
3 000	2 600	19	21	24	27	33
4 000	3 450	25	27	32	36	44
5 000	4 300	31	34	40	45	55
6 000	5 150	37	41	48	54	67
7 000	6 000	44	48	56	64	78
8 000	6 900	50	55	64	73	89
9 000	7 750	56	62	72	82	100
10 000	8 600	62	69	80	91	111
12 000	10 300	75	83	96	109	133
14 000	12 050	87	97	112	127	155
16 000	13 750	100	110	128	145	178
18 000	15 500	112	124	144	164	200
20 000	17 200	125	138	160	182	222
22 500	19 350	140	155	180	204	250
25 000	21 500	156	172	200	227	278
27 500	26 650	172	190	220	250	305
30 000	25 800	187	207	240	273	333

Beurteilungskriterium	Einstufung der 5 Bauweisen bei einem angebauten Einfamilienhaus				
Spezifischer Wärmebedarf in Tabelle	A	B	C	D	E
in W/m²	160	145	125	110	90
in W/m³	64	58	50	44	36

Außenbauteile Tabelle: k-Werte in W/m² K	A	B	C	D	E
Außenwand	1,60	1,35	0,90	0,60	0,35
Fenster	5,20	3,50 / 5,20	3,50	3,50	1,90
Dächer, Dachdecken	0,80	0,80	0,65	0,45	0,30
Decken unter nicht ausgebautem Dach	1,10	1,00	0,80	0,45	0,40
Kellerdecken	1,10	1,00	0,85	0,80	0,50

Ergänzende Beschreibung der 5 Bauweisen

A Außenbauteile nach den Mindestvorschriften der DIN 4108. Ungünstige Lage (viel Wind und Wetter). Benachbarte Räume nur teilweise beheizt. Durchweg Einfachfenster. ***Sehr hoher Wärmebedarf.***

B Außenbauteile nach DIN 4108. Geschützte Lage. Alle benachbarten Räume beheizt. Normale Befensterung, teilweise Einfach-, teilweise Isolierverglasungen. ***Hoher Wärmeverbrauch.***

C Außenbauteile entsprechend der Wärmeschutzverordnung, Verfahren 1. Geschützte Lage. Alle benachbarten Räume beheizt. Durchweg Isolierverglasung. ***Mittlerer Wärmebedarf.***

D Außenbauteile mit erhöhtem Wärmeschutz, etwa nach der Wärmeschutzverordnung, Verfahren 2. Geschützte Lage. Alle benachbarten Räume beheizt. Isolierglasfenster mit 20 bis 25% Anteil an der Fassade. ***Geringer Wärmebedarf.***

E Optimal gedämmte Außenbauteile. Benachbarte Räume beheizt. Geschützte Lage. Fenster mit dreifachem Isolierglas oder dgl. 25–30% Fensteranteil an der Fassade. ***Geringster Wärmebedarf.***

Diese Richtwerte sind erforderlichenfalls nach örtlichen Gegebenheiten durch Zu- oder Abschläge zu ergänzen.

Es wird ausdrücklich darauf hingewiesen, daß die Angaben in der Übersichtstabelle lediglich für eine vorläufige Ermittlung der erforderlichen Heizleistung bestimmt sind und keinesfalls die konkrete Berechnung nach den Regeln der DIN 4701 ersetzen.

Brandschutz und sonstige Bestimmungen und Gesetze

Nach Schadenssummen gerechnet, haben sich die Brandschäden innerhalb von 10 Jahren verdreifacht. Man sollte deshalb die mitunter recht scharfen Brandschutzbestimmungen nicht als Schikane der Behörden abtun, sondern vielmehr als notwendige Sicherungsmaßnahmen ansehen.

Maßnahmen für den Brandschutz sind insbesondere in der DIN 4102 sowie in den Landesbauordnungen geregelt. Dazu gibt es noch weitere ergänzende Vorschriften.

Zur Abwendung der Brandgefahr enthält das Baurecht zahlreiche Anforderungen. Von etwa 130 Paragraphen einer Landesbauordnung befaßt sich immerhin durchschnittlich rund ein Drittel mit dem Brandschutz.

Kachelöfen zählen, wie jede andere Heizung, zu den Feuerstätten und unterliegen feuerpolizeilicher Abnahme und Überwachung. Der fachlich geprüfte Kachelofenbauer kennt diese Bestimmung und hat für die genaue Beachtung persönlich gerade zu stehen.

Über die ordnungsgemäße Ausführung der Schornsteine und die sachgemäße Heizöllagerung hat der Bezirksschornsteinfegermeister Bescheinigungen zur Vorlage bei der Bauaufsichtsbehörde auszustellen.

Maßnahmen des Brandschutzes sind aber nicht nur bei der Errichtung eines Kachelofens zu beachten sondern viel mehr noch beim laufenden Betrieb. Während man beim Bau der Feuerstätte damit rechnen kann, daß die zuständigen Organe über die Einhaltung des Brandschutzes wachen, ist der Betreiber eines Kachelofens nach seiner ersten Einweisung praktisch auf sich allein gestellt. Er sollte deshalb nicht nur die Bedienungsanleitung kennen sondern auch die Merkblätter bezüglich des Brandschutzes.

In den Landesbauordnungen sind auch Vorschriften über die Abfallbeseitigung enthalten. Demnach dürfen in Gebäuden Brennstoffrückstände nur in Behältern aufbewahrt werden, die dicht und nicht brennbar sind und durch Wärme nicht zerspringen können.

Im Zusammenhang mit dem Kachelofen ist auch noch auf bekannte Normen hinzuweisen. Die wichtigsten Normblätter sind:

– DIN 4102, Brandverhalten von Baustoffen und Bauteilen;
– DIN 18 160, Teil 1, Hausschornsteine, Anforderungen, Planung und Ausführung;

Bei Neubauten ist auch die Verordnung über einen energiesparenden Wärmeschutz bei Gebäuden (Wärmeschutzverordnung) einzuhalten. In diesem Zusammenhang wird aber dringend empfohlen, anstelle der dort festgesetzten, inzwischen durch die erheblich weiter angestiegenen Energiepreise überholten Mindestwerte, einen wirtschaftlich optimalen baulichen Wärmeschutz auszuführen.

Als weitere Ausführungsregel zum Energieeinsparungsgesetz gibt es die Heizungsanlagen-Verordnung. Sie gilt grundsätzlich für Anlagen mit einer Nennwärmeleistung von mehr als 4 kW. Einzelöfen oder Einzelgeräte der Elektrospeicherheizung fallen allerdings nicht unter diese Vorschrift.
Bei Heizungsanlagen, die dieser Verordnung entsprechen müssen, soll vor allem durch Begrenzung der Abgasverluste (Kapitel Schornstein, Seite 32) und eine exaktere Dimensionierung ein möglichst hoher Wirkungsgrad gewährleistet werden.

Im Gegensatz zur Wärmeschutzverordnung, die auf Neubauten beschränkt ist, gelten die Anforderungen der Heizungsanlagen-Verordnung auch für den Fall einer wesentlichen Erweiterung und der Umrüstung von Heizungsanlagen in bestehenden Gebäuden.

Als dritte Einzelverordnung im Gefolge des Energieeinsparungsgesetzes ist die am 1.10.1978 in Kraft getretene Heizungsbetriebs-Verordnung anzusehen. Wegen ihrer energiepolitischen Bedeutung gilt sie für alle neuen sowie alle alten Anlagen mit einer Nennwärmeleistung von mehr als 11 kW.
Die darin vorgesehene Überwachung wird durch den Bezirksschornsteinfegermeister durchgeführt.
Der Betreiber eines Wärmeerzeugers ist zur Bedienung, Wartung und Instandhaltung verpflichtet.

Die für das Baurecht zuständigen Ministerien der Länder haben in jüngster Zeit Erlasse herausgegeben, die sich auf die Aufstellung von Feuerstätten in Wohnungen beziehen. Ausgelöst wurde diese Maßnahme durch die immer dichter werdenden Fenster und Türen und den dabei entstehenden Mangel an Verbrennungsluft. Einzelheiten hierzu sind bei der Bauaufsichtsbehörde oder beim Bezirksschornsteinfegermeister zu erfahren.

Alle diese Bestimmungen und Gesetze sind erlassen zum Schutze des Einzelnen und der Allgemeinheit. Sie müssen darum unbedingt beachtet werden, und auch darum ist es wichtig, daß für den Bau eines Kachelofens der anerkannte Fachmann in Anspruch genommen wird.

Energiesituation

In den letzten Jahren mußten wir zur Kenntnis nehmen, daß Energie nicht unbeschränkt zur Verfügung steht und in der Welt sehr unterschiedlich verteilt ist. Wir haben dabei auch immer wieder zu hören bekommen, daß Gas und Öl noch nicht einmal ein Viertel aller wirtschaftlich abbaubaren Energiereserven ausmachen.

Leider ist die Bundesrepublik Deutschland mit natürlichen Energievorräten nicht sehr reich gesegnet; außer Kohle hat sie keine nennenswerten Bodenschätze. Auch die Ausnützung der sich regenerierenden Energien aus Wasserkraft, Sonne, Gezeiten, Wind und Erdwärme werden selbst bei Anwendung ausgereifter Techniken bei weitem nicht ausreichen, um den Energiebedarf in unserem Land zu decken. Die Bundesrepublik und mit ihr noch zahlreiche andere Industrienationen werden deshalb auch in Zukunft den überwiegenden Teil ihres Primär-Energiebedarfs einführen müssen. Außerdem gilt es, den fast ganz in Vergessenheit geratenen Brennstoff Holz dort einzusetzen, wo es möglich und sinnvoll ist.

Die Energieträger Erdöl und Gas machen in der Bundesrepublik gegenwärtig einen Anteil von etwa 2/3 am Energieverbrauch aus. Auf diese Energieträger, die aber nur begrenzt vorhanden sind und in wenigen Jahrzehnten zur Neige gehen, haben sich die Industrie und die übrigen Verbraucher eingerichtet. Sollten diese Energiearten, besonders das Erdöl, aus irgendwelchen Gründen plötzlich ausbleiben, werden sich für die Wirtschaft katastrophale Folgen einstellen. Nach Kenntnis dieser Dinge muß unbedingt damit Schluß gemacht werden, die Ölheizung als Normalheizung anzusehen.

Beim Endverbrauch an Energie in der Bundesrepublik nehmen die Haushalte und Kleinverbraucher mit 45 % den Hauptanteil ein, gefolgt mit ca. 36 % von der Industrie und ca. 19 % von allen Verkehrsarten (ca. 16 % im Straßenverkehr).
Bei der Hauptgruppe Haushalt und Kleinverbraucher entfällt der größte Anteil mit 84 % auf die Raumheizung. Um dort Energie zu sparen, gibt es verschiedene Möglichkeiten. Die wichtigsten:

- wesentlich verbesserter Wärmeschutz der Außenbauteile,
- Wärmerückgewinnung und Einsatz neuer Techniken;
- Einsatz von Brennstoffen, die bisher ungenutzt oder in Vergessenheit geraten waren, wie z. B. Holz und Kohle.

Ein weiterer Grund, Energie zu sparen, ist die explosionsartige Verteuerung der Energiekosten, besonders für den privaten Endverbraucher. Auf der Endverbraucherstufe hat sich Öl von allen Energiearten am stärksten verteuert. Von 1969 bis heute — also innerhalb von etwas mehr als 10 Jahren — sind die Preise für leichtes Heizöl um mehr als 500 % gestiegen. Die Lebenshaltungskosten sind in der gleichen Zeit lediglich um etwa 70 % angewachsen.

Beim Energieträger Kohle werden, weltweit sowie in der Bundesrepublik, die größten Reserven angenommen. Dabei ist allerdings zu berücksichtigen, daß es Vorkommen gibt, die einen sehr teueren Abbau erfordern. Man rechnet, daß 1990 ungefähr 1/5 des Weltenergiebedarfs von Kohle gedeckt wird.

Die einzige Energiequelle, die nachhaltig zuwächst, ist Holz. Lange Zeit war Holz der vorherrschende Brennstoff. Nach Expertenschätzungen wäre der Energieträger Holz in der Lage, jährlich so viel Energie zu liefern, daß sie ausreichen würde, etwa die Hälfte des derzeitigen Weltenergiebedarfs zu decken.
Durch eine forstgerechte Bewirtschaft in den gegenwärtig nicht genutzten Waldgebieten der Erde — das sind immerhin fast 2/3 der Gesamt-Waldfläche — könnte der Holzzuwachs noch gesteiergt werden.
Es ist auch ein Irrtum, wenn immer wieder angenommen wird, daß durch eine zu starke Holznutzung der Wald geschädigt würde. Das Gegenteil ist der Fall, der Wald wird bei einer entsprechenden Pflege und Bewirtschaftung kultiviert und damit auch in seinem Ansehen als Erholungsgebiet aufgewertet. Stattdessen müssen wir aber zusehen, daß in der Welt zur Zeit noch das meiste brennbare Holz im Wald verrottet.
Außerdem fallen bei der Holzverarbeitung sehr viele Abfälle an, die gegenwärtig auch nur teilweise weiterverarbeitet oder als Brennstoff verwendet werden.

Es wäre deshalb naheliegend, zumindestens einen Teil des Brennstoffbedarfs allmählich durch Holz zu decken, besonders in ländlichen waldreichen Gebieten. Damit könnte auch der Unsicherheitsfaktor Heizöl gemildert werden. Denn es ist schon ein Unterschied, ob das Heizöl über Tausende von Kilometern herangeholt werden muß oder das Holz aus einem Wald in nächster Nähe.

In diesem Zusammenhang sollten wir uns auch wieder bescheiden und auf Heizsysteme zurückgehen, in denen mit guter Wirtschaftlichkeit die festen Brennstoffe Kohle und Holz verfeuert werden können. Bei diesem Umdenken kommt dem Kachelofen eine neue Bedeutung zu.
So werden z. B. in der DDR gegegenwärtig etwa 30 % der neu erbauten Wohnungen noch immer mit einer Einzelofenheizung ausgestattet. Im gesamten Wohnungsbestand der DDR werden etwa 83 % aller Wohnungen mit Einzelöfen beheizt.

Kachelöfen als Zweitheizung

Der Hauptgrund für die Anschaffung eines Kachelofens als Zweitheizung ist meist das Ausweichen auf eine oder mehrere weitere Energiearten. Neben den Festbrennstoffen Kohle, Koks und Briketts dürfte dabei der Brennstoff Holz im Vordergrund stehen. Dabei braucht der zusätzliche Kachelofen nicht unbedingt nur als „Nothelfer“ anzusehen zu sein.

Sofern der Kachelofen während des Winters durchgehend betrieben wird, kann die außerdem vorhandene Zentralheizung mit geringerer Leistung arbeiten. Werden Kachelöfen für diesen Zweck bereits beim Neubau vorgesehen, so kann die Zentralheizung entsprechend geringer ausgelegt werden. Dabei werden Investitionskosten gespart. Es ist auch

hinreichend bekannt, daß kleinere Heizungen im Vollastbetrieb wirtschaftlicher arbeiten gegenüber größeren Heizungen im Teillastbetrieb.
In diesem Zusammenhang muß auch an einen technischen Ausfall der Warmwasserzentralheizung als Hauptheizung gedacht werden.

Schließlich besteht in jedem Haus das Bedürfnis, auch feste brennbare Abfälle nutzbringend verbrennen zu können, statt sie nutzlos zum Müll werfen zu müssen.

Beim Einsatz neuer Techniken, die immer mehr auf jeden Hausbesitzer zukommen, wie z. B. Wärmepumpen und Energiedach, kann auch die Kachelofenheizung in den dort vorgesehenen bivalenten Heizbetrieb anstelle einer sonst notwendigen zweiten Heizungsart einbezogen werden.

Zur Erklärung: Bivalentes (zweiwertiges) Heizen ist das gleichzeitige oder unabhängige Heizen mit zwei verschiedenen Energiearten. Ein bivalenter Betrieb ergibt sich auch, wenn man in den recht lange andauernden Übergangszeiten die Kachelofenheizung benutzt und erst im kalten Winter die Vollheizung in Betrieb nimmt.

Als weitere Möglichkeit der bivalenten Heizung bietet sich an, zunächst den Kachelofen einzusetzen und bei nachlassender Wärmeabgabe die zweite Heizungsart, z. B. Warmwasser-Zentralheizung einzuschalten. Auf diese Weise kann insbesondere der etwas „unbewegliche" Kachelgrundofen sinnvoll ergänzt werden. Die Warmwasser-Pumpen-Zentralheizung bringt die Wärme ziemlich schnell heran.

Für die Kachelofen-Warmluftheizung gibt es heute Heizeinsätze, die z. B. für die Verbrennung von festen Brennstoffen und Heizöl eingerichtet sind (Seite 54). Damit läßt sich ein multivalentes (mehrwertiges) Heizen durchführen.

Unter Ausschöpfung dieser mannigfachen Möglichkeiten kann mit dem Kachelofen als Zweitheizung eine gute „private Energiepolitik" betrieben werden. Das Problem der Energieeinsparung stellt sich für jeden Wohnungsinhaber und Hausbesitzer. Denn wer ist schon bereit, die Urlaubskasse anzugreifen oder sonst notwendige Anschaffungen zurückzustellen, nur damit er die Heizkosten bezahlen kann! In Notzeiten wird man es sicherlich auch auf sich nehmen, den in großen Mengen zur Verfügung stehenden Brennstoff Holz zu beschaffen.

Neben der Einsparung von Energie und der Möglichkeit, mehrere Energiearten nutzen zu können, muß auch immer wieder auf das günstige Kachelofenklima hingewiesen werden, wenn es darum geht, sich für einen Kachelofen zu entscheiden.

Heizen im Dauerbrand oder im Zeitbrand

Kachelöfen für feste Brennstoffe werden entweder im Dauerbrand oder im Zeitbrand betrieben, worüber bei den folgenden Ausführungen immer einmal wieder gesprochen werden wird.

Die Heizeinsätze bei Kachelofen-Warmluftheizungen für Kohle- und Koksfeuerung arbeiten im **Dauerbrand**. Gemäß DIN 18 892 muß die Dauerbrandleistung eine gewisse Mindestzeit erfüllen. Nach Ablauf dieser Zeit muß neu aufgegebener Brennstoff durch die vorhandene Grundglut wieder entzündet werden.

Beim **Zeitbrand** brennt die gesamte Brennstoff-Füllung in relativ kurzer Zeit ab. Wenn der richtige Zeitpunkt für das Nachlegen versäumt wird, muß die Nachfüllung neu entzündet werden.

Brennstoffe

Die in den letzten Jahren errichteten Kachelöfen wurden vorwiegend für die Verfeuerung von festen Brennstoffen eingerichtet, obgleich sie heute genau so gut mit Öl, Strom oder Gas betrieben werden können.

- **Feste Brennstoffe** sind Koks, Braunkohlenbriketts, Steinkohle, Steinkohlenbriketts und Holz.
- **Flüssige Brennstoffe** sind Heizöl EL.
- **Gasförmige Brennstoffe** sind Stadtgas, Ferngas, Erdgas, Erdölgas, Flüssiggas.

Nach dem Immissionsschutzgesetz dürfen in Einzelöfen, wozu auch die Kachelöfen gehören, nur raucharme Brennstoffe verbrannt werden. Entsprechend DIN 18 890, Teil 10, sind dies: Steinkohle, Braunkohle- und Torfbriketts, Steinkohlenkoks, trockenes Holz sowie nicht pechgebundene Steinkohlenbriketts.

In Kachelöfen der heutigen Bauarten mit ihren für alle möglichen Brennstoffe eingerichteten Heizeinsätzen können praktisch alle bisher genannten Energieträger wirtschaftlich genutzt verbrannt werden, insbesondere diejenigen, die wir in der Bundesrepublik Deutschland selbst besitzen, wie z. B. Steinkohle, Braunkohle und die daraus gewonnenen Briketts, sowie Holz und auch Torf, soweit dies sinnvoll erscheint.

Die wichtigsten Kenndaten über die beim Kachelofen üblichen Brennstoffe sind in der Tabelle auf Seite 31 aufgeführt. Hierzu die Erläuterung einiger Begriffe.

Der **Heizwert** – bisher als unterer Heizwert bezeichnet – kennzeichnet die bei der Verbrennung frei werdende Wärmemenge. Dabei wird berücksichtigt, daß Wasser bei der Verbrennung nur dampfförmig auftritt. Die im Wasserdampf enthaltene Verdampfungswärme kann meist nicht ausgenutzt werden, weil die Abgastemperatur fast immer über dem Siedepunkt des Wassers liegt. Der Heizwert ist der für praktische Berechnungen zweckmäßige Wert.

Damit ein Verbrennungsvorgang zustande kommt, d. h. eine chemische Reaktion zwischen Brennstoff und Sauerstoff stattfindet, müssen beide Stoffe auf die **Zündtemperatur** erwärmt werden. Dann läuft der Verbrennungsvorgang auch ohne auslösende Zündflamme ab.

Bei festen Brennstoffen und Holz erfolgt die Zufuhr der Verbrennungsluft und die Vermischung mit dem Brennstoff im allgemeinen allein durch den Zug des Schornsteins.

Für die Beurteilung der Lagerfähigkeit von Brennstoffen ist die Kenntnis der jeweiligen Zündtemperatur wichtig. Die Gefahr einer unbeabsichtigten Zündung des Brennstoffes ist umso geringer, je höher die Zündtemperatur liegt.

Brennstoffarten

Koks ist ein bereits entgaster Brennstoff. Als kurzflammiger Brennstoff kann er in Feuerräumen geringer Höhe, aber auch in Füllschachtfeuerungen wirkungsvoll verbrannt werden. Beim Kachelofen haben sich die Korngrößen III und IV als verbrennungstechnisch günstig erwiesen.

Steinkohle entgast wesentlich stärker und rascher als Koks. Deshalb soll ihre Oberfläche im Verhältnis zur Menge möglichst klein sein, also großstückig.

Braunkohlenbriketts sind langflammige Brennstoffe mit hohem Gehalt an flüchtigen Bestandteilen. Zur wirkungsvollen Verbrennung gehören große und möglichst hohe Feuerräume. Die verbleibende Glut ist verhältnismäßig gering. Die schnell entgasenden

Braunkohlenbriketts ergeben eine wirtschaftliche Verbrennung. Braunkohlenbriketts werden als der ideale Ergänzungsbrennstoff für den Holzbrand angesehen.

Im Zusammenhang mit diesen Brennstoffen ist jetzt schon auf die Umstell- bzw. Wechselbrand-Heizeinsätze hinzuweisen (Seite 56).

Der wieder entdeckte **Brennstoff Holz** soll etwas ausführlicher behandelt werden.
Um die im Holz enthaltenen Wärmemengen vollständig auszunutzen, bedarf es Feuerungskonstruktionen, die in ihrem Aufbau die besonderen Eigenschaften dieses Brennstoffes berücksichtigen. Es ist also nicht damit getan, in einem Ofen, der für Koks oder Kohle konstruiert ist, einfach kleingehacktes Holz zu verbrennen.
Holz ist ein besonders langflammiges Material. Es besitzt den geringsten Kohlenstoffgehalt und dafür den höchsten Gehalt an Sauerstoff. Es ist schwefelfrei und verursacht einen äußerst geringen Ascheanfall.
In der ersten Phase der Verbrennung erfolgt die Entgasung, wobei die gasförmigen Teile ausscheiden, sich mit der Verbrennungsluft vermischen und unter Bildung langer Flammen entweichen. Nach der Entgasung bleibt Holzkohle zurück. Das Abbrennen der Holzkohle in der zweiten Phase der Verbrennung geht wesentlich langsamer vor sich als die erste.
Der zu beachtende Heizwert ist praktisch von seinem Wassergehalt abhängig, so wie in der nachstehenden Tabelle angegeben.

Nach dem neuen Einheitengesetz wird die Wärmemenge in Kilo-Joule (kJ) angegeben. Bis zur Einführung dieser neuen Einheit wurde mit der Wärmeeinheit Kilokalorie (kcal) gearbeitet.
Für die Umrechnung gilt:
1 kJ = 0,239 kcal; 1 kcal = 4,2 kJ.

Kachelgrundöfen für eine spezielle Holzfeuerung — mit Ausnahme einiger Schweizer Modelle — werden

Wassergehalt in %	Unterer Heizwert in kJ/kg	in kcal/kg
50	8 200	1 950
40	10 300	2 450
30	12 400	2 950
20	14 500	3 450
15	15 530	3 700
10	16 600	3 950

ohne Rost gebaut. Die auf dem Boden des Feuerraums liegenbleibende Asche hat den Vorteil, daß sie aufgrund ihrer Isolierfähigkeit gluterhaltend wirkt und zur vollständigen Verbrennung beiträgt. Andere feste Brennstoffe können darin nicht verbrannt werden, da hierzu die notwendige untere Zuluft fehlt.

Um eine heizungsbedingte Verstaubung im Wohnraum auszuschließen, empfiehlt es sich, die Bedienungsseite derartiger Kachelöfen im Flur, der Diele oder in der Küche anzuordnen. Das hat auch noch den Vorteil, daß der betreffende Raum mit erwärmt wird.
Bei einem richtigen Abbrand in einem dafür geschaffenen Feuerraum wird durch Holzfeuer die Atmosphäre am wenigstens verseucht. Holz ist demnach ein ausgesprochen umweltfreundlicher Brennstoff. Holzasche ist dazu noch ein wertvolles und sofort verwendbares Düngemittel.

In speziellen Kachelöfen für Holzfeuerung können auch knorrige Holzscheite bis zu einem Meter Länge eingelegt werden (siehe Seite 49, 71, 76).

Von den verschiedenen Holzarten ergeben Buche und Eiche eine starke Hitze und brennen besonders lange anhaltend. Weichhölzer, wie Tanne/Fichte, Linde, Pappel und dgl. verbrennen dagegen unter gleichen Bedingungen schneller als Hartholz. Sie ergeben mehr Asche; die Glut erkaltet etwas schneller. Harzhaltige Nadelhölzer, wie Kiefer, Fichte, Lärche brennen bekanntlich mit lebhafter

Flamme und knistern dabei. Baumrinde, Tannenzapfen oder sonstiges Kleinholz brennen ab wie Stroh, sie sind für Dauerheizungen demnach weniger geeignet.

Nach Angaben der Schweizerischen Beratungsstelle für Holzfeuerung benötigt man, um eine Tonne Heizöl zu ersetzen:

– 6,1 Ster (Festmeter) Laubholz oder
– 8,2 Ster (Festmeter) Nadelholz,

das sind jeweils ca. 3 500 kg.

Um dieses Kapitel abzuschließen, muß wiederum darauf hingewiesen werden, daß Holz derzeit sicherlich der billigste Brennstoff ist – nur nicht der bequemste.

Kleine oder normalgroße Kachelöfen mit **Ölfeuerung** sind meist mit Verdampfungsbrenner ausgestattet. Das Öl läuft dabei in eine Schale, in der es durch Vorzündung auf Brenntemperatur erhitzt wird. Das verdampfende Öl verbrennt dann nach Vermischung mit der zugeführten Luft. Zur Verwendung gelangt Heizöl extra leichtflüssig (EL), das infolge seiner Reinheit und niedrigen Viskosität das problemloseste aller Heizöle ist.

Verdampfungsbrenner werden gewählt, weil sie ohne Geräuschbelästigung arbeiten, anders als Druckzerstäuberbrenner, wie sie bei Heizkesseln üblich sind.
Für die Lagerung von Heizöl jeder Art gibt es recht einschneidende Bestimmungen. So müssen Lagerbehälter für Heizöl und deren Leitungen so beschaffen und eingebaut sein, daß ein Eindringen des Brennstoffes in Gewässer und Abwaseranlagen verhindert wird. Die bauaufsichtlich eingeführten Heizölbehälterrichtlinien (HBR) sind dabei zu beachten.

Vor der ersten Befüllung von oberirdisch aufgestellten Heizölbehältern muß von dem Betreiber eine Bescheinigung des Bezirksschornsteinfegermeisters eingeholt werden, aus der hervorgeht, daß gegen die Erstbefüllung Bedenken im Hinblick auf den Brandschutz und die Betriebssicherheit nicht bestehen.

Eine weitere Gruppe sind die speziellen Kachelofen-Heizeinsätze mit **Gasbrenner**. Bei den dafür verwendeten atmosphärischen Gasbrennern strömt das Gas unter dem Leitungsdruck aus einer Reihe feiner Düsen aus und saugt nach dem Injektionsprinzip die für die Verbrennung notwendige Luft aus der Umgebung an. Das Gas wird durch eine Zündflamme entzündet, die Verbrennung erfolgt in einer Reihe kleiner Flammen aus den einzelnen Düsen. Die Verbrennungsgeräusche sind besonders niedrig. Am Abgasstutzen ist eine Strömungssicherung einzubauen, die die Feuerstätte vom Schornstein trennt. Durch die Öffnung der Strömungssicherung wird bei gutem Schornsteinzug Raumluft über den Schornstein abgesaugt.

Kachelofen-Heizeinsätze für Öl und Gas können grundsätzlich für vollautomatischen Betrieb eingerichtet werden und bieten somit höchsten Bedienungskomfort.

Als weitere Beheizungsart ist auch noch die durch elektrischen Strom zu nennen. Bei seinem Einsatz entstehen keinerlei Leitungs- und Umwandlungsverluste, der Wirkungsgrad beträgt 100 %. Weitere Ausführungen hierzu ab Seite 65.

Zur Erzeugung nutzbarer Wärme werden die nachstehend aufgeführten Brennstoffmengen benötigt.

Brennstoff	Maßeinheit	Nutzbare Wärme 1 000 kJ	Nutzbare Wärme 1 000 kcal
Holz	kg	0,1	0,4
Kohle / Koks	kg	0,05	0,2
Braunkohlenbriketts	kg	0,07	0,3
Heizöl	kg	0,04	0,15
Erdgas	m^3	0,04	0,16
Stadtgas	m^3	0,07	0,3
Strom	kWh	0,3	1,25

Brennstoff	Heizwert (bisher Hu)		Zünd-temperatur	Flammen-temperatur 1)	Art der Flamme	verbleibende Asche	Schüttgewicht
	kJ/kg	kcal/kg	°C	°C	Beurteilung	Gewichts-%	kg/m^3
Holz, lufttrocken	14700 ... 16800	3500 ... 4000	200 ... 300	700 ... 1100	lang, leuchtend	~0,5	Hartholz 560 Nadelholz 420 2)
Steinkohle, Fettkohle	32200	7700	300 ... 350	1000 ... 1250	kurz oder lang, stark leuchtend	5	720 ... 780
Steinkohle, Magerkohle					kurz, leuchtend	4–5	
Anthrazit	32600	7800	400 ... 450		kurz, blau	4–5	740 ... 780
Braunkohle, stückig	20000	4760	300 ... 400	700 ... 1500	lang, leuchtend	5–6	570 ... 650
Braunkohlenbriketts	20200	4810	250 ... 300		lang	5	1000 gesetzt 700 ... 720 geschüttet
Koks, Gaskoks	29300	6980	450 ... 600	1100 ... 1300	sehr kurz	8–9	500 ... 680
Koks, Zechenkoks	28900	6880	550 ... 650				
Heizöl EL	42700	10170	~ 360	1850 3)	lang, leuchtend	<0,01	0,86 kg/Liter
Erdgas	34860 4)	8300 5)	600 ... 680	1750 6)		–	0,80 kg/m^3
Stadtgas	16120 4)	3840 5)	500 ... 600	1550 6)		–	0,60 kg/m^3

1) Bei offener Flamme, z.B. im Kachelofen
2) Bei Holzscheiten
3) Mit Verdampfungsbrenner
4) Mengen in kJ/m^3
5) Mengen in kcal/m^3
6) Mit atmosphärischem Brenner

Schornstein

Der Schornstein hat die Aufgabe, die Verbrennungsprodukte aus der Feuerungsanlage abzuführen und durch den dabei entstehenden Unterdruck für die erforderliche Frischluftzufuhr zur Feuerung zu sorgen. Diese Aufgabe kann der Schornstein nur erfüllen, wenn er richtig dimensioniert und fachgerecht gebaut ist.

Hinsichtlich des baulichen Brandschutzes sind für Hausschornsteine die wichtigsten Vorschriften in den Landesbauordnungen sowie in der DIN 18 160 enthalten. Für die Errichtung von Hausschornsteinen dürfen nur nichtbrennbare Baustoffe der Klasse A nach DIN 4102, Teil 1, verwendet werden. Schornsteine, die nicht einer Norm entsprechen, benötigen eine allgemeine bauaufsichtliche Zulassung durch das Institut für Bautechnik, Berlin.

Alle genehmigungspflichtigen Feuerungsanlagen, wozu auch Schornsteine für häusliche Feuerstätten gehören, unterliegen einer Rohbau- und einer Gebrauchsabnahme durch die Bauaufsichtsbehörde. Vor der Gebrauchsabnahme dürfen sie nicht in Betrieb genommen werden.

Lage im Gebäude

Schornsteine sollten möglichst in Gebäudemitte zwischen bewohnten Räumen angeordnet werden. Gemauerte Schornsteine kühlen bei dieser Lage nicht so schnell ab, wodurch der Auftrieb der Rauchgase erhalten bleibt; außerdem können sie ihre Speicherwärme an die angrenzenden Wohnräume abgeben.

Bei Schornsteinen in Außenwänden müssen besondere Schutzmaßnahmen gegen Abkühlung getroffen werden. Oft reichen die vorgeschriebenen 24 cm dicken Außenwangen nicht aus, und zusätzliche Maßnahmen — Hohlräume oder nicht brennbare Dämmstoffe — sind notwendig.

Es ist vorteilhaft, mehrere Schornsteine zu einer Gruppe zusammenzufassen, da sich durch die gegenseitige Erwärmung eine geringere Abkühlung ergibt. In dieser Gruppe können auch Gas- und Entlüftungsrohre enthalten sein.

Bestandteile einer Feuerungsanlage

Zur Erzielung einer einwandfreien Verbrennung müssen die Teile einer Feuerungsanlage

- die Feuerstätte (Einzelofen, Kachelofen, Heizungskessel);
- das Verbindungsstück (Rauchrohr, Abgasrohr, Rauchkanal oder Fuchs);
- der Schornstein

in ihrer Wirkungsweise gut aufeinander abgestimmt sein.

Die Rauchgase des in der Feuerstätte erzeugten Feuers steigen im Feuerraum nach oben, durchströmen gegebenenfalls nachgeschaltete Rauchgaszüge und den Schornstein und gelangen dann in die freie Atmosphäre. Da sich bekanntlich kein luftleerer Raum (Vakuum) bilden kann, muß anstelle der abströmenden Rauchgase im Feuerraum Frischluft nachströmen. Diese Luft wird aus dem Aufstellungsraum der Feuerstätte angesaugt, sofern keine besonderen Zuluftkanäle vorgesehen sind, wie z. B. bei bestimmten offenen Kaminen. Der dabei entstehende Sog wird als Unterdruck bezeichnet; die umgangssprachlich oft zu hörende Vorstellung von „ziehenden" Schornsteinen ist nicht korrekt.

Die Abgastemperatur aus der Feuerstätte, z. B. einem Kachelofen, soll bei Eintritt in das Rauchrohr 180 °C nicht unter- und 350 °C nicht überschreiten. Durch einen Rauchrohr- oder Schornsteinbrand können allerdings Temperaturen von mehr als 1 000 °C entstehen, die der Schornstein dann aushalten muß.

Bei einer zu starken Abkühlung der Rauchgase kann es dagegen im Schornstein zur Versottung kommen. Sie entsteht durch Kondenswasserbildung infolge zu niedriger Abgastemperatur, zu geringer Gasgeschwindigkeit, zu geringer Wärmedämmung oder infolge eines zu großen Querschnitts. Kurzzeitige Wasserdampfkondensationen werden von den üblichen Schornsteinen im allgemeinen schadlos aufgenommen.

Schornsteinhöhe

Gemäß DIN 18 160 muß die Schornsteinmündung mindestens 4,50 m über dem Rost bzw. Brenner der obersten Feuerstätte für feste oder flüssige Brennstoffe liegen.
Das gleiche Ergebnis erzielt man etwa, wenn man bei Kachelöfen die wirksame Schornsteinhöhe von Mitte Abgasrohr bis zur Schornsteinmündung mit 4,00 m annimmt.

Schornsteinunterdruck

Zur Gewährleistung dieser wichtigen Eigenschaft sollte der Schornstein nur so groß sein, daß er die anfallenden Rauchgase gut abführen kann, denn

- ein zu kleiner Schornstein staut die Rauchgase und behindert damit den Schornsteinzug;
- ein zu großer Schornstein führt dagegen die Rauchgase zu rasch ab. Auch kann eine häufigere und länger andauernde Kondensation eintreten, die eine Durchfeuchtung und Versottung der Schornsteinwände verursacht. Es ist deshalb nicht zu empfehlen, eine zu geringe Höhe des Schornsteines durch Vergrößerung des Querschnittes auszugleichen.

Bei einem zu starken Schornsteinzug, z. B. weil der Schornstein sehr hoch ist, kann es notwendig werden, einen Zugbegrenzer einzubauen. Bei einem zu niedrigen Zug, z. B. weil das Abgasrohr zu lang oder der Schornsteinquerschnitt zu groß oder zu klein ist, kann ein Schornsteinventilator Abhilfe schaffen.

Oft genügt es, den Schornstein zu erhöhen oder einen Schornsteinaufsatz auf seine Mündung aufzusetzen.

Nennheizleistung

Die Nennheizleistung in kW (früher kcal/h) ist die Wärmemenge, die die Feuerstätte bei Nennbelastung und Nennzug je Stunde abgibt. Bei häuslichen Feuerstätten darf die Nennheizleistung, z. B. bei einem Schornstein mit einem Querschnitt von 20/20 cm bzw. ∅ 20 cm, höchstens 46 kW (40 000 kcal/h), bei Gasfeuerstätten höchstens 200 kW (175 000 kcal/h), betragen. Für Rauchschornsteine aus Formstücken darf die Gesamt-Nennheizleistung um bis zu 25 % erhöht werden.

Schornsteinquerschnitte

Gemäß DIN 18 160 müssen Hausschornsteine einen durchgehend gleichbleibenden lichten Querschnitt von mindestens 13,5 × 13,5 cm oder 13,5 cm Durchmesser aufweisen. Unter dem Sammelbegriff Hausschornsteine werden in der Norm Rauchschornsteine für feste und flüssige Brennstoffe sowie Abgasschornsteine für gasförmige Brennstoffe verstanden. Für Abgasschornsteine aus Formstücken darf der lichte Querschnitt nicht weniger als 10 × 10 cm oder 10 cm Durchmesser betragen.
An einen Rauchschornstein, an den Kochherde oder Waschkessel oder Kleinheizkessel angeschlossen werden, dürfen andere Feuerstätten nicht angeschlossen werden. Feuerstätten in derselben Wohnung oder in Einfamilienhäusern sind von dieser Einschränkung ausgenommen. Rauchschornsteine für Großküchenherde, Backöfen sowie für offene Feuerstätten müssen mindestens 20 × 20 cm im Querschnitt oder 20 cm Durchmesser aufweisen. Für mehrschalige Schornsteine gelten die Zulassungsbedingungen, zumindest aber die in DIN 18160 vorgesehene Möglichkeit, die Nennheizleistung um 25 % zu erhöhen.

Werden ein Kachelofen und ein offener Kamin nebeneinander gebaut, so braucht jede Feuerstätte einen eigenen Schornsteinzug.

Verbindungsstücke

Abgaskanäle oder Verbindungsstücke zwischen Feuerstätten und Rauchschornsteinen müssen aus form- und hitzebeständigen, nicht brennbaren Baustoffen bestehen. Nicht hitzebeständig sind keramische Rohre (Tonrohre), Asbestzementrohre sowie alle Baustoffe, die bei Temperaturen um ca. 1 000 °C ihr festes Gefüge verlieren oder reißen. Bei Rauchrohren aus Stahlblech sollte deren Wandungsdicke nicht unter 3 mm betragen.

Abgaskanäle vom Wärmeerzeuger zum Schornstein sind auf dem kürzesten Weg auszuführen. Sie sind mit einer Steigung zum Schornstein zu verlegen, die mindestens 10 Grad betragen muß; besser ist jedoch eine steilere Einführung.

Jede Feuerstätte muß grundsätzlich innerhalb desselben Geschosses, in dem sie aufgestellt ist, durch Verbindungsstücke an einen Schornstein angeschlossen werden. Die Führung eines Rauchrohres durch die Decke in das darüber liegende Geschoß und dessen dort erst erfolgender Anschluß an den Schornstein — der vielleicht dort erst beginnt — ist unzulässig. Bei der Kachelofen-Warmluftheizung kann der Fall eintreten, daß die nachgeschalteten Heizgaszüge zur bessseren Wärmenutzung im darüber liegenden Geschoß liegen. Der Anschluß an den Schornstein muß dann in diesem Geschoß erfolgen, da die Heizgaszüge von Rauchgasen durchströmt werden.

Schornsteinkopf

Als Schornsteinkopf wird der Teil des Schornsteins bezeichnet, der über die Dachfläche hinausragt. Seine Höhe richtet sich nach der Lage zum Dachfirst und nach der Windrichtung. Hierzu sind einige Bauvorschriften zu beachten, auf die hier nicht näher eingegangen werden soll.

Es ist aber immer ein Vorteil, wenn der Schornstein am Dachfirst austritt. Dadurch wird nur ein kleiner Teil des Schornsteins der Außenluft ausgesetzt. Der über den frei stehenden Schornsteinkopf strömende Wind fördert den Schornsteinunterdruck, indem er die Rauchgase mit sich fortreißt. Dieser Vorteil ergibt sich besonders bei Steildächern, bei denen der angreifende Wind auf der schrägen Dachfläche in eine aufwärts strebende Kraft umgelenkt wird. Kann dagegen infolge ungünstiger Bauweise oder sonstiger ungünstiger Umweltverhältnisse der Wind von oben in den Schornstein einströmen, wirkt er dem Unterdruck entgegen. Schornsteinaufsätze sollen die Windeinflüsse aufheben oder den Wind zur Erhöhung des Sogs ausnutzen.

Gemauerte Schornsteine

Nach DIN 18 160 müssen Wangen und Zungen von Hausschornsteinen aus Mauersteinen mindestens 11,5 cm dick sein, am Schornsteinkopf mindestens 17,5 cm. Frei liegende Wangen in Außenwänden müssen mindestens 24 cm dick sein. Die gemauerten Schornsteine werden immer mehr von mehrschaligen Montageschornsteinen mit eingebauten Wärmedämmschichten verdrängt.

Mehrschalige Schornsteine

Allgemein üblich sind heute dreischalige Schornsteine mit einem Innenrohr aus Schamotte oder Metall sowie einem äußeren Schornsteinmantel aus üblichen Wandbaustoffen oder Formsteinen mit dazwischen eingebrachter nicht brennbarer Wärmedämmung. Dabei können sich die Innenrohre beim Erhitzen ausdehnen bzw. nach dem Abkühlen zusammenziehen, ohne daß der zum Raum hin sichtbare Mantel in Mitleidenschaft gezogen wird. Wegen der glatten Innenfläche dieser Schamotte- oder Metallrohre kommt man mit relativ kleinen Querschnitten aus.

Gewicht des Schornsteins mit Ummantelung (ohne Putz) in kg pro steigender Meter

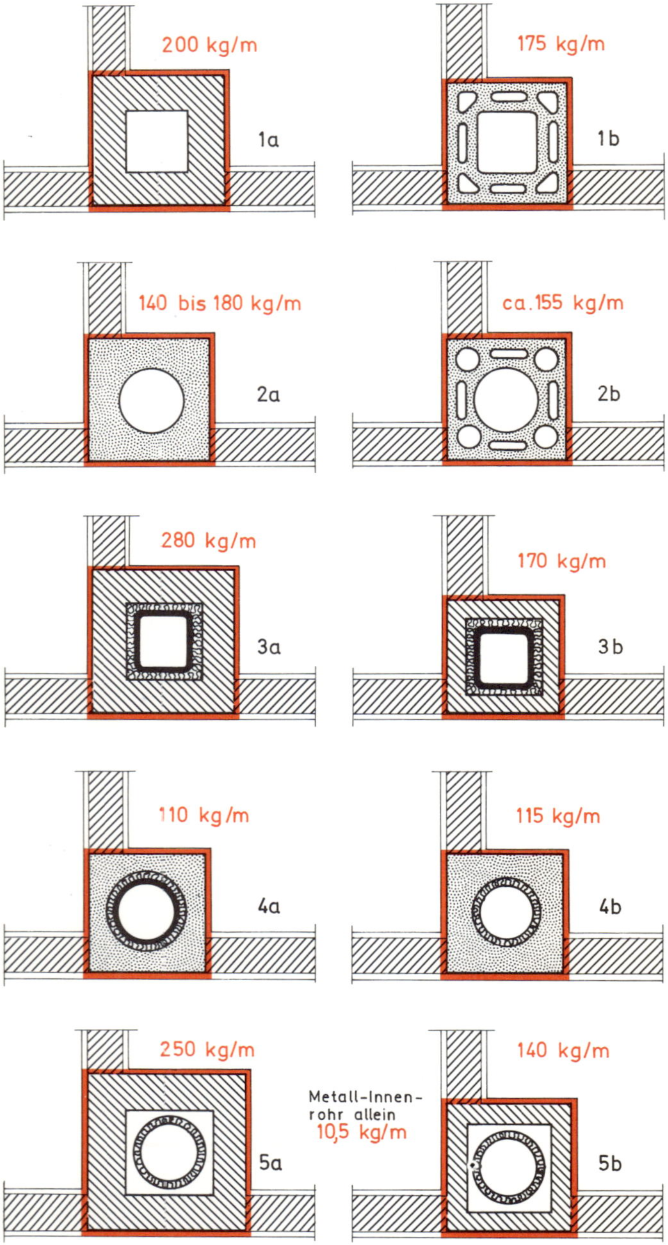

Hausschornsteine - Bauarten

1 Schornsteine aus Mauersteinen und Formstücken mit quardratischem oder rechteckigem Querschnitt nach DIN 18 160

1a Aus Mauersteinen, Wangen und Zungen mindestens 11,5 cm dick.

1b Aus Zellenformstücken hergestellt nach DIN 18 150. Wangendicke mindestens 10 cm.

2 Schornsteine aus Formstücken mit rundem Querschnitt nach DIN 18 160.

2a Aus vollwandigen Formstücken, hergestellt nach DIN 18 150. Wangendicke mindestens 8 cm bei Beton bis 1,2 kg/dm^3, Wangendicke mindestens 10 cm bei Beton ab 1,2 kg/dm^3.

2b Aus Zellenformstücken, hergestellt nach DIN 18 150. Wangendicke mindestens 10 cm.

3 Dreischalige Schornsteine, bestehend aus Schamotte-Innenrohr mit quardratischem oder rechteckigem Querschnitt, Wärmedämmschicht und Ummantelung (z.B. Plewa)

3a Mit 11,5 cm dicker Ummantelung aus Voll- oder Lochziegel, Kalksandsteinen, Leichtbetonsteinen, Schwerbeton.

3b Mit 7,1 cm dicker Ummantelung aus Vollziegel, Kalksandsteinen, Leichtbeton-Vollsteinen. Möglich sind auch 6 cm dicke Gasbeton-, Leichtbeton- und Gipsbauplatten sowie 4 cm dicke Mantelrohr-Formstücke.

4 Dreischalige Schornsteine, bestehend aus Innenrohr mit rundem Querschnitt, Wärmedämmschicht und Mantelstein (z.B. Schiedel).

4a Isolierschornstein mit Schamotte-Innenrohr aus 33 cm hohen Elementen.

4b Leichtschornstein mit Edelstahl-Innenrohr als geschoßhohe Fertigelemente.

5 Schornsteine aus doppelwandigen Edelstahlrohren mit rundem Querschnitt und 2,5 cm dicker Dämmfüllung (z.B. Selkirk).

5a Mit 11,5 cm dicker Ummantelung aus Voll- oder Lochziegel, Kalksandsteinen, Leichtbetonsteinen bzw. 10 cm Schwer- oder Leichtbeton.

5b Mit 7,1 cm dicker Ummantelung aus Vollziegel, Kalksandsteinen, Leichtbeton-Vollsteinen.

Nennheizleistung kW	Nennheizleistung kcal/h	Schornstein-Bauart [1]	Kachelgrundöfen mit Feuerung für Holz [2]	Kachelgrundöfen mit Feuerung für Kohle Koks	Warmluft-Kachelöfen Kachelofen-Warmluftheizung mit Feuerung für Holz	Warmluft-Kachelöfen Kachelofen-Warmluftheizung mit Feuerung für Kohle, Koks Heizöl	Warmluft-Kachelöfen Kachelofen-Warmluftheizung mit Feuerung für Gas [3]	Backöfen, offene Kamine [4] Holz
bis 3,5	bis 3 000	1	13,5 / 13,5	13,5 /13,5	——	——	10 / 10	——
		2	Ø 13,5	Ø 13,5	——	——	Ø 10	——
		3	12,5 /12,5	12,5 / 12,5	——	——	10 / 10	——
		4	Ø 14	Ø 14	——	——	Ø 10	——
		5	Ø 13	Ø 13	——	——	Ø 13 [5]	——
3,5 bis 7,0	3000 bis 6 000	1	13,5 / 20	13,5/13,5	13,5 / 20	13,5/13,5	10 /10	20 / 20
		2	Ø 16,5	Ø 13,5	Ø 16,5	Ø 13,5	Ø 10	Ø 20
		3	14 / 14	12,5/12,5	14 / 14	12,5 / 12,5	10 / 10	20/20
		4	Ø 16	Ø 14	Ø 16	Ø 14	Ø 10	Ø 20
		5	Ø 15	Ø 13	Ø 15	Ø 13	Ø 13 [5]	Ø 18
6,0 bis höchstens 17,5	6 000 bis höchstens 15 000	1	20 / 20	13,5 / 13,5	20 / 20	13,5/13,5	10/10	20 / 20
		2	Ø 20	Ø 13,5	Ø 20	Ø 13,5	Ø 10	Ø 20
		3	18 / 18	14 / 14	18 / 18	14 / 14	10/10	20 / 20
		4	Ø 18	Ø 14	Ø 18	Ø 14	Ø 10	Ø 20
		5	Ø 18	Ø 13	Ø 18	Ø 13	Ø 13 [5]	Ø 18
mindestens 11,5 höchstens 29	mindestens 10 000 höchstens 25 000	1	20 /20	13,5 / 20	20 /20	13,5 / 20	13,5 / 13,5	20 / 20
		2	Ø 20	Ø 16,5	Ø 20	Ø 16,5	Ø 13,5	Ø 20
		3	18 /18	16 / 16	18/18	16/16	12,5/12,5	20 20
		4	Ø 18	Ø 16	Ø 18	Ø 16	Ø 14	Ø 20
		5	Ø 18	Ø 15	Ø 18	Ø 15	Ø 13	Ø 18
mindestens 23 höchstens 46	mindestens 20 000 höchstens 40 000	1	20 /20	20 / 20	20/20	20 / 20	13,5/13,5	20 / 20
		2	Ø 20	Ø 20	Ø 20	Ø 20	Ø 13,5	Ø 20
		3	20 /20	18/18	20 / 20	18/18	12,5 / 12,5	20 / 20
		4	Ø 20	Ø 18	Ø 20	Ø 18	Ø 14	Ø 20
		5	Ø 20	Ø 18	Ø 20	Ø 18	Ø 13	Ø 20

Erforderliche Schornstein-Querschnitte

in cm/cm bzw. cm-Durchmesser je nach Schornstein-Bauart.
Bei Fertigschornsteinen können die Maße entsprechend dem Fabrikationsprogramm geringfügig abweichen.
Die Querschnitte gelten für Schornsteine mit mindestens 4,00 m Höhe (gemessen zwischen Mitte Abgasstutzen und Ende des Schornsteinkopfes)

1) Hinweise auf die Schornsteinbauart mit Schema-Querschnitten siehe linke Seite.

2) Diese Querschnitte gelten auch für Kachelöfen mit Einsätzen für die Warmwasserbereitung bzw. die Warmwasser-Zentralheizung.

3) Querschnitte für Abgasschornsteine aus Formstücken.

4) In dieser Gruppe ist immer ein separater Schornstein erforderlich, an den keine anderen Feuerstätten angeschlossen werden dürfen. Gilt auch für Kachel-Backöfen, die nur zeitweise zum Backen benutzt werden. Bei offenen Kaminen ist der Schornstein-Querschnitt außerdem von der Größe der Strahlungsöffnung sowie der wirksamen Schornsteinhöhe abhängig. Angegeben sind die Mindestquerschnitte, die in jedem Falle einzuhalten sind.

5) Doppelwandige Metallschornsteine werden ab 13 cm Durchmesser hergestellt.

Metallschornsteine

Mehrschalige Metallschornsteine bestehen aus dem tragenden Außenmantel aus Edelstahl, dem beweglich gelagerten Innenrohr aus Edelstahl sowie der werkseitig eingebauten Spezial-Dämmung zwischen beiden Rohren. Das Innenrohr kann sich ohne Spannungen auch bei großen Temperaturschwankungen rißfrei ausdehnen. Sie werden montagefertig angeliefert und sind durch entsprechende Kupplungen schnell und sicher zu verbinden. Eine sofortige Aufheizung, d.h. Inbetriebnahme ist möglich. Innerhalb von Gebäuden müssen diese Schornsteinelemente mit zugelassenen Baustoffen ummantelt werden. Im Dauerbetrieb können sie bis 540 °C, im Kurzzeitbetrieb bis zu 760 °C belastet werden.

Metallschornsteine benötigen eine bauaufsichtliche Zulassung durch das Institut für Bautechnik, Berlin.

Wegen ihres geringen Gewichts dürften sie für den nachträglichen Einbau in vorhandene Gebäude, z. B. bei der Aufstellung eines Kachelofens als Zweitheizung, besonders geeignet sein.

Aufgaben des Bezirksschornsteinfegermeisters

Gemäß Paragraph 13 des Schornsteinfegergesetzes gehören zu den Aufgaben des Bezirksschornsteinfegermeisters u. a.

- Ausstellung der Bescheinigung über die Schornsteine und Feuerstätten über die Rohbau- und Schlußabnahme zur Vorlage bei der Bauaufsichtsbehörde;
- Schriftliche Meldung vorgefundener Mängel an den Hauseigentümer. Sofern diese nicht in der angesetzten Frist abgestellt worden sind, erfolgt Meldung an die zuständige Behörde.
- Überprüfung sämtlicher Schornsteine, Feuerstätten und Verbindungsstücke auf ihre Feuersicherheit;
- Vornahme der Brandverhütungsschau oder Teilnahme an ihr nach Landesrecht.

Bezüglich der Feuerungsanlage (Feuerstätte + Rauchrohr + Schornstein) empfiehlt es sich in Zweifelsfällen immer, den zuständigen Bezirksschornsteinfegermeister zu fragen, insbesondere wenn es sich darum dreht, den vorgesehenen Kachelofen an einen vorhandenen Schornstein anzuschließen.

Unter bestimmten Voraussetzungen kann in einem Einfamilienhaus eine Einzelofenfeuerung an den vorhandenen Zentralheizungsschornstein zum wechselseitigen Betrieb angeschlossen werden. Dabei darf es sich aber nicht um Spezialdauerbrenner für Anthrazit und auch nicht um einen offenen Kamin handeln. Auch hierüber entscheidet der Schornsteinfegermeister.

Ein abschließender Hinweis: Der Nachtstromspeicher-Kachelofen braucht keinen Schornstein.

Kachelofen-Bauarten

Wie schon im Vorwort erwähnt, sind Kachlöfen überliefert und modern zugleich:

- Überliefert, weil sie im wesentlichen nach alten und bewährten Regeln gebaut werden;
- modern, weil sie praktisch alle heute vorkommenden Energiearten und die damit verbundenen Heiztechniken ausnutzen können.

Wer sich für einen Kachelofen oder eine aus dem Prinzip des Kachelofens abgeleitete Kachelofenheizung entscheidet, sollte frühzeitig mit einem Kachelofenbauer Verbindung aufnehmen. Dies empfiehlt sich auch, wenn der Kachelofen bei einem Neubau zunächst nur geplant, aber erst zu einem späteren Zeitpunkt ausgeführt werden soll. Nur so ist es möglich, den Kachelofen nach seinem Einbau in das bereits vorhandene Heizsystem, z. B. eine Warmwasser-Zentralheizung, sinnvoll zu integrieren. Es kann dann auch vorteilhaft sein, das klärende Gespräch zusammen mit dem Projektanten für die Heizung und dem Kachelofenbauer gleichzeitig zu führen.

In der Tabelle auf Seite 37 sind die zur Zeit üblichen Beheizungsmöglichen eines Kachelofens oder einer Kachelfläche übersichtlich dargestellt, dazu die Einordnung der gebräuchlichsten Brennstoffe bzw. Heizenergien sowie weitere ergänzende Hinweise zum Heizbetrieb und einigen sonstigen Erfordernissen.

Zur Unterscheidung der unterschiedlichen Systeme werden nachstehend die wichtigsten Merkmale in Kurzfassung genannt. Es ist darauf hinzuweisen, daß zwischen Kachelgrundofen und Warmluft-Kachelofen viele Mischformen möglich sind. Der Kachelofenbauer paßt den zu planenden Ofen den berechtigten Wünschen des Bauherrn an. Der Seiten-Hinweis auf das zutreffende Sachkapitel ist jeder Beschreibung angefügt.

Kachelgrundöfen: Freistehende, angebaute oder zwischen zwei oder drei Räume durchgebaute Kachelöfen mit eingebauter Feuerung für feste Brennstoffe und keramischen Heizgaszügen. Es handelt sich hierbei praktisch um die Urform des Kachelofens. Für die Beheizung kann auch ein Speicherkern für eine Nachstrom-Speicherheizung eingebaut werden (Seite 44).

Warmluft-Kachelöfen: Freistehende, angebaute oder zwischen zwei und mehr Räumen durchgebaute Kachelöfen mit einer vom Kachelmantel gebildeten Heizkammer, einem Heizeinsatz für feste Brennstoffe, Öl sowie Gas oder Nachtstrom, erforderlichenfalls noch mit Luftleitungen, über die weitere Räume im gleichen oder darüber liegenden Geschoß beheizt werden (Seite 51).

Kachelofen mit Backraum (Schwarzwald-Kachelofen): Angebaute, meist im Wohnzimmer stehende Kachelöfen, die von der danebenliegenden Küche oder einem Vorraum beheizt und bedient werden. Im großen Feuerraum, der für die Verbrennung von Holzscheiten eingerichtet ist, kann auch gebacken werden (Seite 70).

Kachelherde: Als Tisch- oder Aufsatz-Kachelherde eingerichtet für Kochen, Backen und Warmwasserbereitung, auch mit Warmwasserheizungsteil. Die Heizgase können direkt in den Schornstein eingeleitet oder über einen Kachelofen bzw. eine Kachel-Sitzbank im benachbarten Raum sinnvoll genutzt werden (Seite 70).

Kachelofen-Zentralheizung: Kachelöfen, deren Heizeinsätze mit eingebautem Wasserteil zur Warmwasserbereitung für eine daran angeschlossene Zentralheizung ausgerüstet sind (Seite 75).

Transportable Kachelöfen: Die bekannten Dauerbrandöfen in spezieller Ausführung, umgeben mit einem Kachelmantel (Seite 74).

Kachelflächen-Direktbeheizung: Als Zusatzheizung für Kachelöfen jeglicher Art sowie zur Beheizung bzw. Temperierung von besonderen Kachelflächen, wie z. B. Sitzbänken oder Wandverkleidungen (Seite 77).

Elektrische Speicherheizungen mit Kachelmantel: Einzeln stehende Elektro-Speicherheizgeräte sowie Kachelofen-Heizungen mit Blockspeicher für den Betrieb mit Nachtstrom (Seite 65).

Kachelofen und offener Kamin: Eine zu empfehlende Kombination, wenn beide Heizquellen gleichzeitig vorgesehen sind, z. B. im großen Wohnraum (Seite 84); besonders als Kachelkamin (Seite 86, 88).

Begriffserläuterungen

k-Wert, offiziell: Wärmedurchgangskoeffizient k in $W/m^2 K$ (früher: Wärmedurchgangszahl k in $kcal/m^2 h\,°C$)
Der k-Wert bezeichnet den Wärmestrom W (kcal), der in einer Stunde durch eine Bauteilfläche von $1\,m^2$ hindurchgeht, wenn der Temperaturunterschied, der das Bauteil auf beiden Seiten umgebenden Luft 1 K (°C) beträgt. Bei seiner Feststellung gehen außer dem Wärmedämmwert des Bauteils selbst auch die auf beiden Seiten herrschenden Wärmeübergangswiderstände der Luftgrenzschichten in die Berechnung ein.
$1\,W/m^2 K = 0{,}860\,kcal/m^2 h\,°C$;
$1\,kcal/m^2 h\,°C = 1{,}163\,W/m^2 K$.
Je kleiner der k-Wert, desto besser die Wärmedämmung.

Watt (W) ist die Einheit für Leistung, Energie, Wärmestrom. Ein Kilowatt (kW) = 1 000 Watt (W).

kcal/h die früher übliche Bezeichnung für die Leistung von Heizgeräten.
1 kcal/h = 1,163 W; 1 W = 0,860 kcal/h.

Spezifischer Wärmebedarf ist die Wärmemenge die einem Raum bei bestimmter Umgebungstemperatur zur Ergänzung der Wärmeverluste zugeführt werden muß (Berechnung nach DIN 4701).

Bezogen auf die Grundfläche des Raumes in **W/m^2**.
Bezogen auf den Rauminhalt in **W/m^3**.

Nennwärmeleistung des Wärmeerzeugers ist die größte bei normalem Betrieb abgebbare Wärmemenge je Zeiteinheit.

Kachelöfen im Eigenbau?

Um es gleich vorweg zu sagen, der Selbstbau von Kachelöfen kann keinesfalls empfohlen werden.

Zum Bau eines Kachelofens, bei dem bekanntlich im Feuerraum sehr hohe Temperaturen auftreten, gehören umfangreiche Fachkenntnisse, über die in der Regel nur der geprüfte Kachelofenbauer verfügt. Außerdem ist zu berücksichtigen, daß der Bezirksschornsteinfegermeister jede neu eingerichtete Feuerstelle gründlich zu überprüfen hat, bevor sie in Benutzung genommen werden darf.
Es ist also nicht damit getan, die notwendigen Fertigkeiten zu besitzen, um Kacheln oder Steine ordnungsgemäß aufeinander setzen zu können.

Wer sich trotzdem um einen Kachelofen im Selbstbau bemüht, sollte sich wegen der mit jeder Feuerstelle verbundenen Risiken unbedingt beim Hersteller von Selbstbausätzen absichern. Der werbewirksame Hinweis „Mit wenigen Handgriffen aufgebaut" genügt bei weitem nicht.

Brennstoffe, Heizenergien ▶	Holz	Kohle Koks	Heizöl	Gas	Elektrizität		Warmwasser
					Nachtstrom	Tagstrom	
Art der Heizung							
Kachelgrundöfen	●	●	—	—	●	●[1]	—
Warmluft-Kachelofen	●	●	●	●	●	●[1]	○[2]
Kachelofen mit Backraum (Schwarzwald-Kachelofen)	●	—	—	—	—	—	—
Kachelherde	●	●	—	—	—	—	—
Kachelofen-Zentralheizung	●	●	●	●		—	—
Transportable Kachelöfen	●	●	●	○[3]	●	○[4]	—
Kachelflächen-Direktbeheizung	—	—	—	—	—	●	●
offener Kamin	●	—	—	—	—	—	—
Heizbetrieb							
Dauerheizung	●	●	●	●	●	—	○[2]
Übergangszeit-Heizung	●	●	●	●	○	●	●[2]
Zusatzheizung	●	●	○	○	—	●	—
krisenfeste Heizung	●	●	—	—	—	—	—
Erforderliche Maßnahmen:							
Schornstein ?	ja	ja	ja	ja	nein	nein	○[5]
Brennstofflagerung ?	ja	ja	ja	nein	nein	nein	○[5]
Netzanschluß ?	nein	nein	ja[6]	ja[6]	ja	ja	ja

● gut geeignet ○ bedingt geeignet — nicht geeignet

1) direkt beheizte Kachelfläche für den bivalenten Betrieb
2) reduzierte Wärmeleistung
3) als sog. Kaminofen
4) bis 2 kW oder als Zusatzheizung
5) Diese Maßnahmen betreffen die vorhandene Warmwasser-Zentralheizungen
6) Nur bei vollautomatischer Regelung

Ofenkacheln

Der Ursprung der Ofenkacheln geht zurück bis zur Zeitenwende. Die Römer bauten Backöfen und Brennöfen aus zylindrischen Formstücken, welche ineinander gesteckt und vermörtelt wurden. Sie wurden „Cacabos" genannt; einige Kachelofenforscher nehmen an, daß daraus im deutschen Sprachraum das Wort „Kachel" entstand. Die ursprünglichen deutschen Öfen waren in allen Teilen gemauerte Körper, die aus Lehm oder Ziegelstein gebaut wurden. Ihre Heizkraft war jedoch verhältnismäßig gering. Mit der Kachel kam ein bis dahin im Ofenbau unbekannter Werkstoff – das keramische Material – seiner guten wärmetechnischen Eigenschaften wegen zur Verwendung. Die ersten Kacheln hatten eine tiefe topfähnliche Form, damit die anfänglich in Lehm- oder Ziegelwandungen eingesetzten einzelnen Kacheln in den Feuerraum hineinragten. Sie waren ohne Glasur, also in der natürlichen Färbung des gebrannten Tones.

In der frühromanischen Zeit, um 950 nach unserer Zeitrechnung, zogen die Töpfer den Rand des gedrehten Bechers oder Topfes zum Viereck aus, um diese Kacheln ohne Verwendung von Ziegeln unmittelbar aufeinander schichten und aneinander setzen zu können. Auch wurde die Tiefe der Becher verringert, die Kacheln erhielten so eher den Charakter von Schüsseln oder Näpfen. Andere Kachelofenforscher führen die Bezeichnung „Kachel" auf das althochdeutsche „Cachala" zurück, was soviel wie Schüssel bedeutet.

Die unglasierten Ofenkacheln hielten sich bis in die spätromanische Zeit, erhielten aber immer mehr ornamental-plastischen Schmuck. Die ersten glasierten Kacheln sind um das Jahr 1300 entstanden. Es waren sogenannte Bleiglasuren, die den Tonscherben noch durchschimmern ließen. Durch Beimengung von Farbstoffen fertigte man grün und blau glasierte Kacheln.

In dieser Epoche wurden neben den damals bekannten Schüssel- oder Napfkacheln auch ebene Kacheln gefertigt, die nicht mehr auf der Töpferscheibe gedreht, sondern aus Tonblättern geschnitten wurden, und denen man Verzierungen aufsetzte oder einprägte.

In diesen Zeitraum fällt auch die Entstehung der Zylinder- oder Nischenkachel. Sie wurde als Tonzylinder auf der Drehscheibe hergestellt und als noch feuchter Tonkörper vor dem Brennen durch einen senkrechten Schnitt in zwei Halbzylinder geteilt. Beide Teile erhielten dann oben und unten je eine halbkreisförmige abschließende Platte.

Als wesentliche technische Neuerung ist der ab etwa 1350 eingeführte „Kachelrumpf" anzusehen. Mit Hilfe einer rückseitigen Randversteifung ist es möglich, die einzelnen Kacheln gegenseitig durch Klammern zu verbinden, um einen besseren Zusammenhalt der Ofenkonstruktion zu erreichen. Diese sinnvolle Neuerung hat sich bis heute erhalten.

In der weiteren Entwicklung folgte der sehr tiefen Topfkachel und mäßig tiefen Schüssel- oder Napfkachel die nur schwach eingetiefte Tellerkachel. Der Übergang zur völlig ebenen Tafelkachel war dann nicht mehr weit. Dazu kam farbiger, gegebenenfalls noch plastischer Schmuck.

Verändert haben sich im Laufe der Zeit auch die Größe der Kacheln und die Technik ihrer Herstellung, z. B. durch Einführung von Negativ-Formen für gepreßte Kacheln.

In der farblichen Gestaltung ist heute eine sehr große Palette der verschiedenartigsten Tönungen möglich, wobei aber immer die charakteristische Glasuroberfläche gewahrt bleibt.

Die Bezeichnung Kachel sollte deshalb unbedingt der in vielen Jahrhunderten gewachsenen Ofenkachel vorbehalten bleiben. Für die ebenen und ebenfalls glasierten Wandbeläge sollte man den Ausdruck „Fliese" verwenden. Also gibt es eigentlich nur geflieste, aber keine gekachelte Bäder.

Kacheln bestehen aus reinem, mit Schamotte gemagertem Ton. Sie werden geformt (handgeformt, maschinengepreßt, stranggepreßt, gegossen), getrocknet, glasiert und bei etwa 1 000 °C gebrannt. Beim Glasieren wird die Glasurmasse in der Regel über die Kacheln gegossen; der poröse Scherben saugt das Wasser auf, und die Glasurmasse bleibt als Überzug an der Oberfläche haften. Sie schmilzt beim Brand zur Glasur.
Die Bemalung der Kacheln kann entweder mit Unter- oder Aufglasurfarben erfolgen.
Die Glasur schützt die Kachel vor dem Eindringen von Feuchtigkeit. Glasierte Kacheln sind außerdem abwaschbar.
Durch eine geschmackvolle Glasur, verbunden mit einer entsprechenden Gestaltung, wird der Kachelofen erst zu einem Schmuckstück der Wohnung.

Ofenkacheln müssen temperaturwechselbeständig sein und dürfen weder Sprünge noch Kalkeinflüsse aufweisen; die Glasur darf nicht abblättern. Haarrisse, leichte Wolken und Glasurwülste wären dagegen kein Beanstandungsgrund.
Es ist auch darauf hinzuweisen, daß die in Deutschland gebräuchlichen Ofenkacheln keinerlei radioaktive Stoffe enthalten, auch nicht bei den Glasuren. Die Verwendung derartiger Stoffe ist in der Bundesrepublik streng untersagt.

Wie aus dem in der Abbildung auf Seite 42 gezeigten Querschnitt hervorgeht, besteht die Kachel aus zwei wesentlichen Teilen, dem Kachelblatt, das als Wärmestrahlungsfläche dient, und dem Kachelrumpf, der in erster Linie das tragende Gerüst abgibt.

Wie weiterhin aus der Abbildung zu ersehen ist, wird aus heiztechnischen Gründen der vom Kachelrumpf umgebene Hohlraum mit einer Schamotteplatte ausgefüttert. Damit soll vor allem die wärmespeichernde Wirkung der Kachel erhöht werden.
Beim Aufbau eines Kachelofens werden die einzelnen Ofenkacheln mit Klammern gegenseitig verbunden, so daß die gesamte Kachelwand einen festen Verband bildet, welcher sich auch bei der Abkühlung nicht lockert.

Die Ausfütterung und Klammerung der Kachelwand ist eine besonders typische Arbeit des Kachelofenbauers und mit aller Sorgfalt und speziellem Fachwissen durchzuführen.

Im deutschsprachigen Raum ist die Größe der Ofenkachel mit 22 X 22 cm genormt. Darüber hinaus gibt es jedoch zahlreiche weitere Kachelarten und -formen, die von Normmaßen abweichen.

Weitere Werkstoffe

Schamottematerial besteht überwiegend aus Kieselsäure und Tonsubstanzen. Die Schamottemasse wird unter hohem Druck zu Steinen oder Platten geformt, getrocknet und dann gebrannt. Schamottematerial für den Innenausbau von Kachelöfen muß feuerfest sein und Temperaturen bis ca. 1 200 °C aushalten können.

Lehm darf beim Kachelofenbau nur als Bindemittel, nicht aber als Ausbaustoff – wie z. B. Schamotte – verwendet werden.

Mauerziegel sind bekanntlich das älteste Produkt, das aus Lehm, Ton oder tonigen Massen geformt und gebrannt wird.
Beim Kachelofenbau werden Mauerziegel zum Aufmauern von Sockelkästen und Füßen, zum Anlegen von Fundamenten usw. eingesetzt.

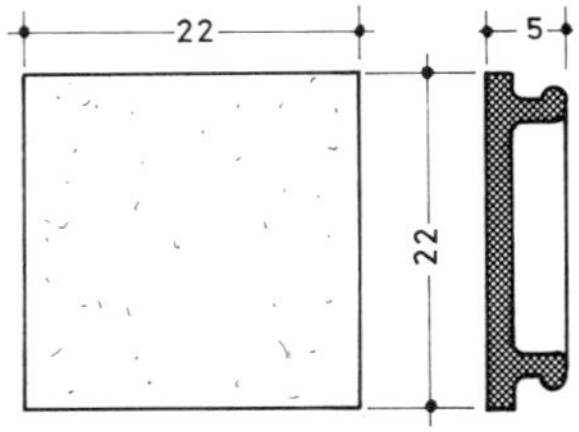

Tafelkachel
einfachste Form, ebene Oberfläche

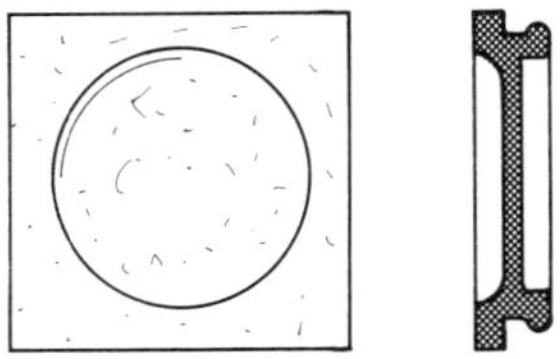

Glatte Tellerkachel

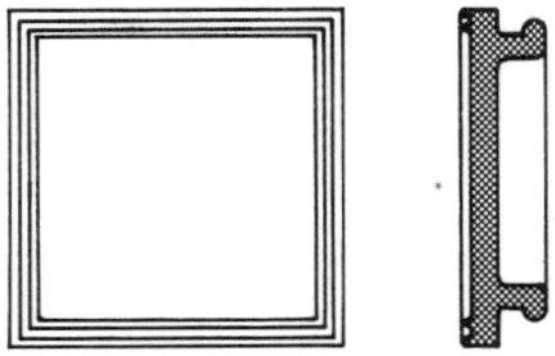

Kassettenkachel
mit schmalem Rahmen

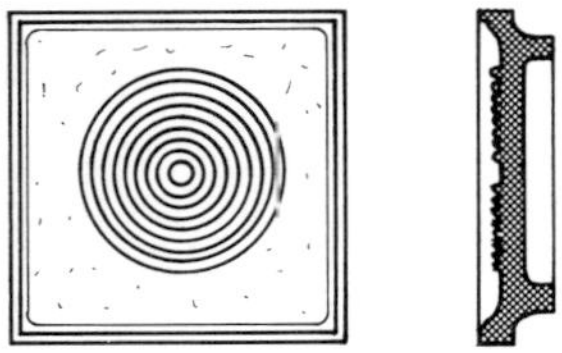

Muldenkachel
flache Mulde mit erhabener Schnecke

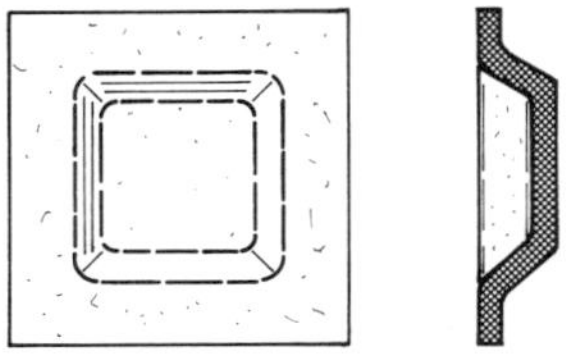

Mulden-oder Napfkachel
mit breitem Rand und eckiger tiefer Mulde

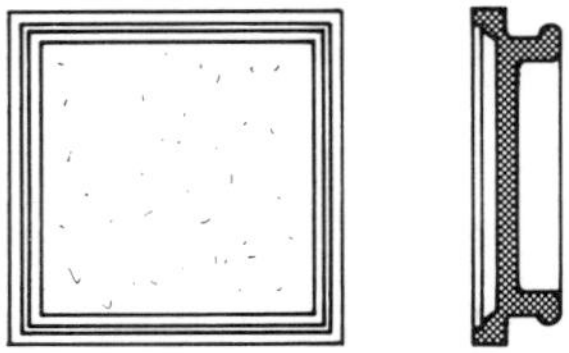

Rahmenkachel
mit schlichtem Rand

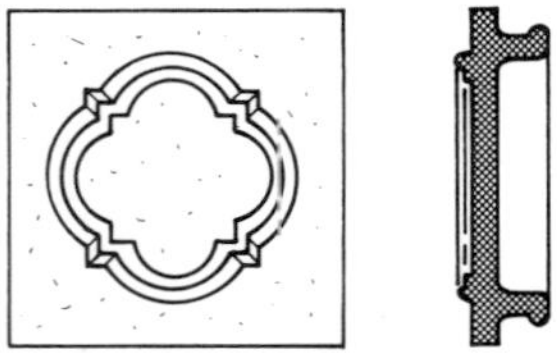

Tiroler Barockkachel
mit leicht erhabenem Motiv

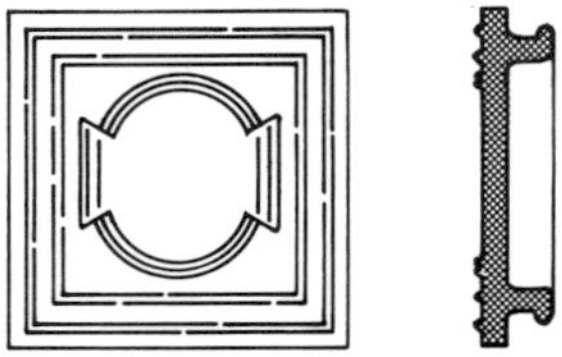

Barockkachel
mit Profilrahmen und Motiv

Kassettenkachel
mit eingelegtem Muster

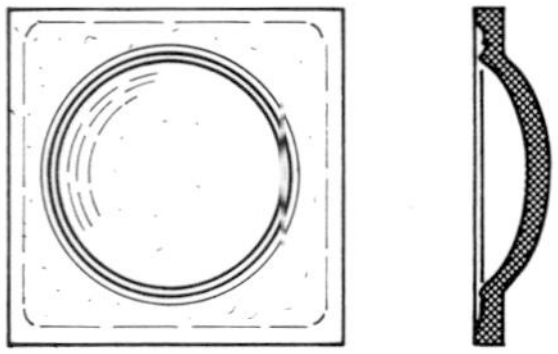

Halbtiefe Schüsselkachel
mit glatter Schüssel

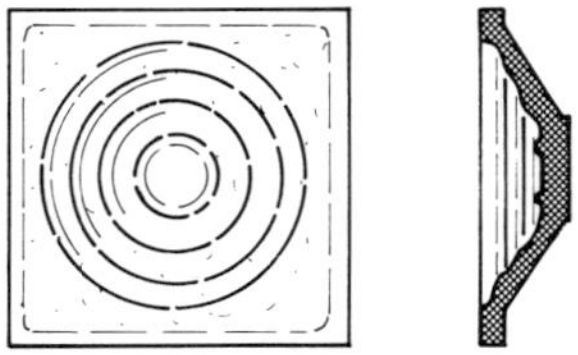

Tiefe Schüsselkachel
mit Grobstruktur der Schüssel

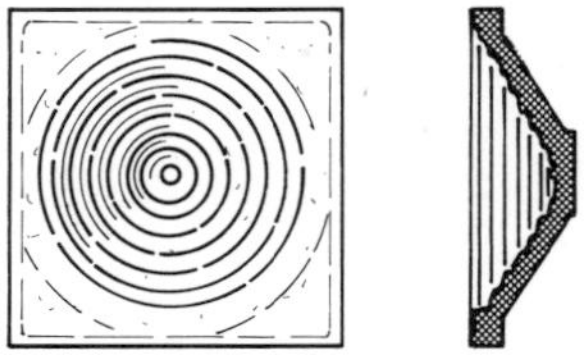

Tiefe Schüsselkachel
mit Feinstruktur der Schüssel

Abbildungen über Ofenkacheln auf Seite 105

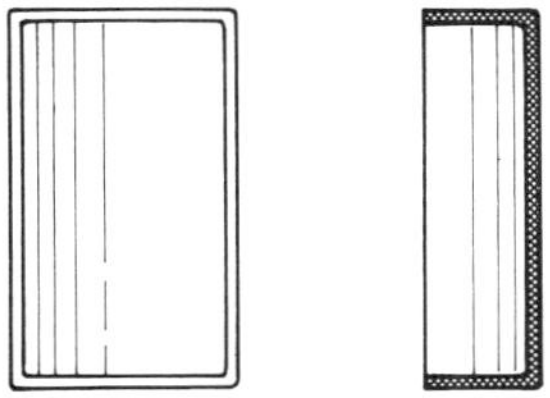

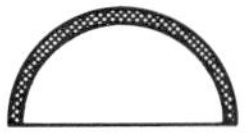

Zylinderkachel

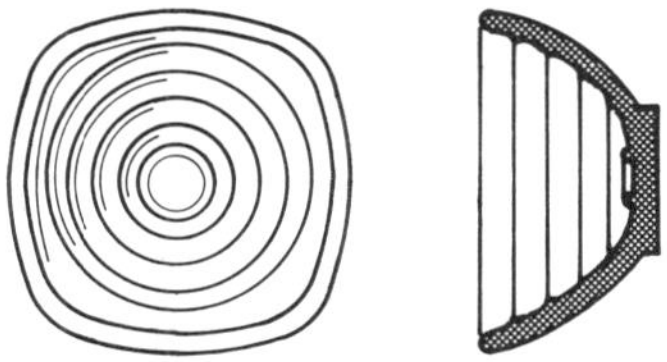

handgeformte tiefe
Schüsselkachel

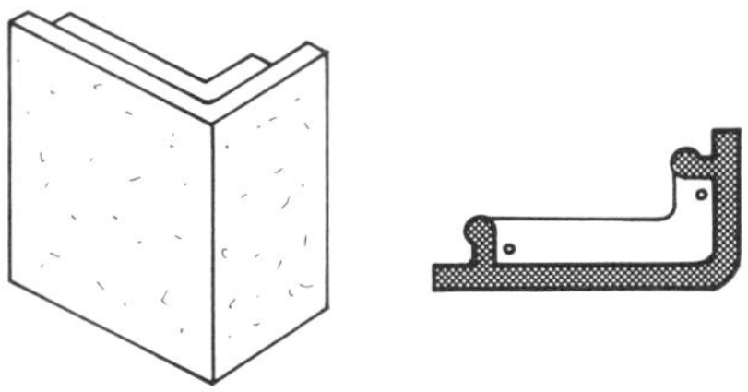

Eckkachel

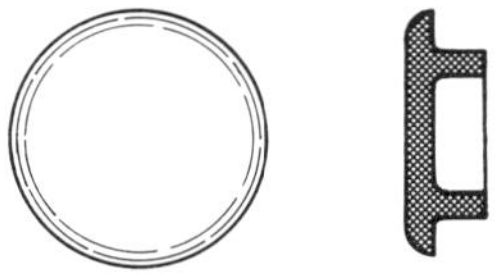

Reinigungkapsel

Napfkachel

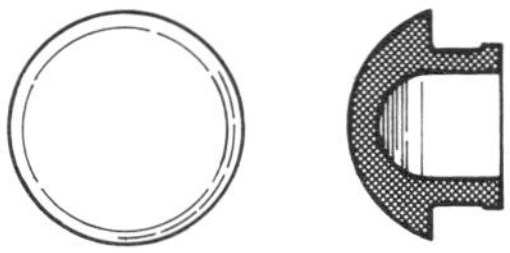

Buckelkachel

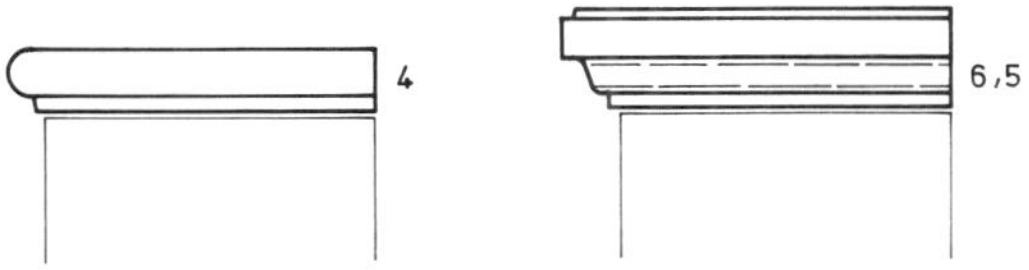

Plattsimse bzw. Obersime -und

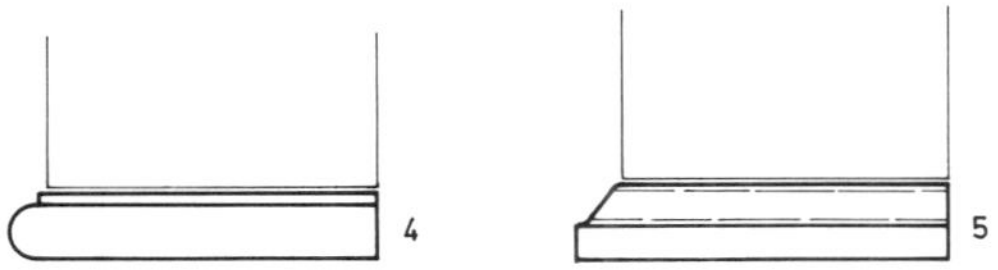

dazu passende Fußsimse

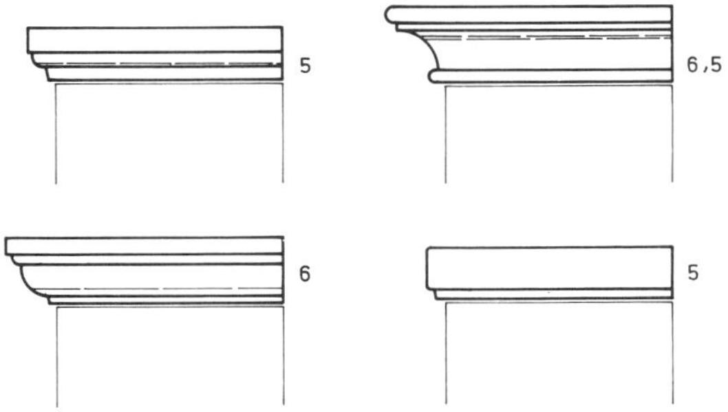

Plattsimse bzw. Obersimse

Höhenmaße in cm
(als Beispiel)

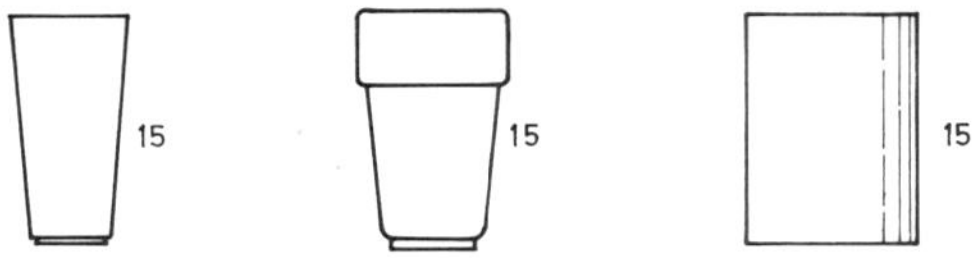

eckige Kachelfüße

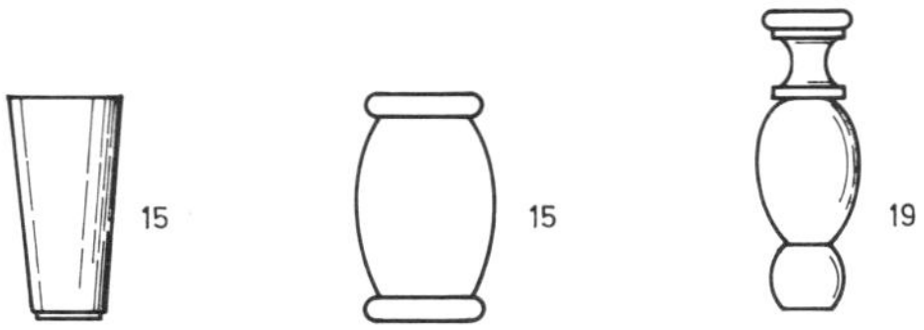

runde Kachelfüße

Mit „Lehmfuge" gesetzte Kacheln

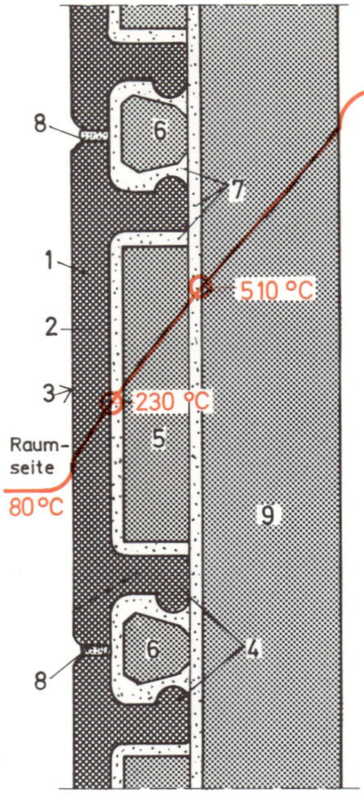

Feuerraum eines Kachelgrundofens in mittelschwerer Bauart

1 Normalkachel 220/220/50 mm
2 Kachelblatt
3 Kachel-Sichtfläche
4 Kachelrumpf
5 Schamotte-Futterstück
6 Schamotte-Zwicksteine
7 Lehmmörtelfugen
8 Kachelfugen
9 Auskleidung mit Schamottesteinen oder -platten

Temperaturangaben: ca.-Werte, nur zur Verdeutlichung

Wärmedurchgang durch eine Kachelwand mit Schamotte-Auskleidung (Schema)

Motivkacheln 22/40 cm

Kachelofen-Fundamente

Jeder Kachelofen, ob frei stehend oder angebaut, erfordert eine tragfähige und brandsichere Unterlage, auch Kachelofen-Fundament genannt.

Bei Neubauten und rechtzeitiger Einplanung des Kachelofens kann eine eventuell statisch notwendige Verstärkung berücksichtigt werden. Bei bestehenden Gebäuden jedoch ist die vorhandene Decke gründlich zu untersuchen, besonders wenn es sich um Holzbalkendecken handelt.

Die Fundamentgröße (Fläche) richtet sich nach der Kachelofengröße zuzüglich des Sockelüberstandes und ggf. der Wandabstände; es ist ratsam, sie um einige Zentimeter größer anzulegen.

Weiterhin ist auf die Gestaltung der Kachelofenfüße und die dadurch entstehenden Einzellasten zu achten.

Kachelöfen, die meist dicht an einer Innenwand stehen, können von den normalen Wohnhausdecken im allgemeinen getragen werden, besonders wenn es sich um Stahlbetonplatten handelt.
Bei Trägerdecken aller Art, wozu auch die Holzbalkendecken gehören, sollten mindestens zwei Träger von der Fundamentplatte des Kachelofens belastet werden. Dabei sind senkrecht zur Innenwand verlaufende Träger in statischer Hinsicht wesentlich günstiger als parallel verlaufende, so wie es in den nebenstehenden Grundrißskizzen schematisch dargestellt ist.

Nicht tragfähige oder brennbare Beläge müssen im Bereich des Kachelofen-Fundaments ausgespart oder herausgeschnitten werden. Der verbleibende Raum ist mit nichtbrennbaren Baustoffen auszufüllen. Vor der Feuerungsöffnung muß bei brennbaren Decken oder bei brennbaren Fußbodenbelägen eine feuerhemmende Auflage, z.B. ein 0,75 mm dickes Stahlblech, angebracht werden. Diese Vorlage muß mindestens 30 cm über die Feuerungsöffnung vorstehen mit seitlichen Überständen von mindestens 15 cm.

Die Ausführung eines Kachelofen-Fundaments bei Holzbalkendecken zeigt die Abbildung auf Seite 57.
Sollte die Tragfähigkeit der Holzbalkendecken nicht ausreichen, muß sie entsprechend verstärkt werden, z.B. durch Einziehen von Stahlträgern.

Bei Holzbalkendecken muß verhindert werden, daß der Kachelofen später bei jeder Erschütterung schwankt. Undichtheiten im Kachelofen und damit Falschluftquellen wären die Folgen.

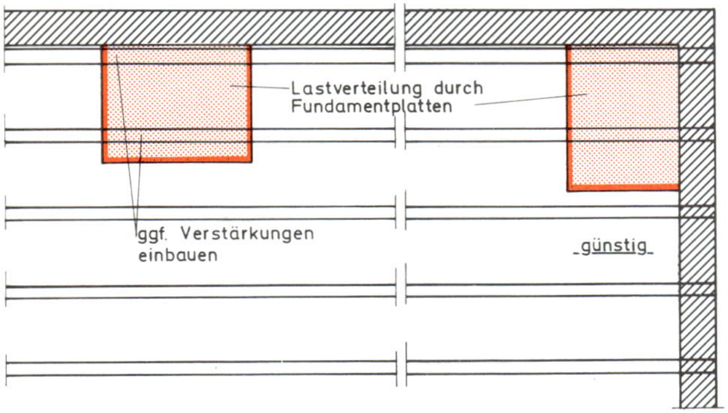

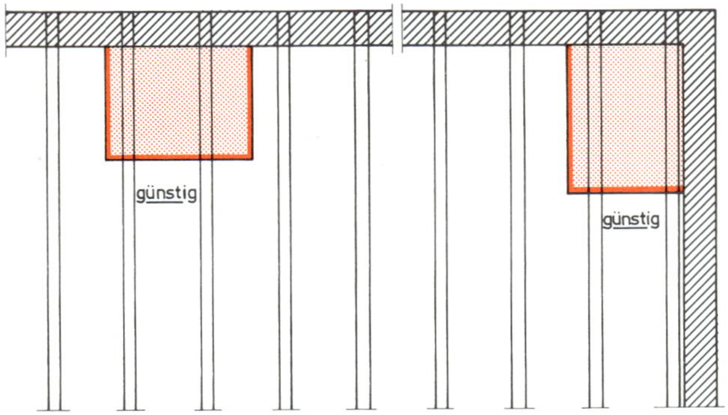

Kachelöfen auf Träger- oder Balkendecken

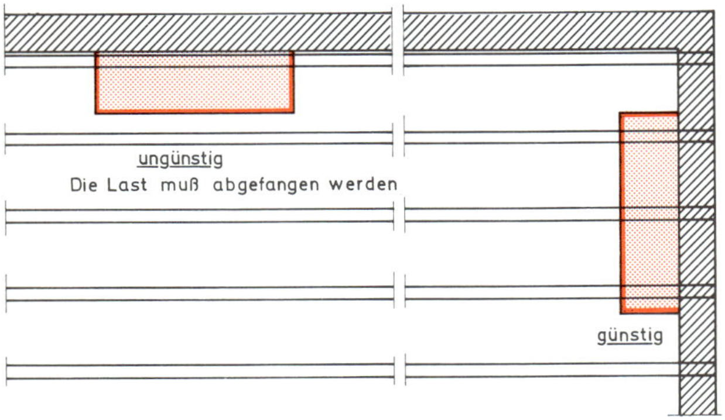

Nachtstrom-Speicherheizgeräte auf Träger- oder Balkendecken

Kachelgrundofen

Der Kachelgrundofen, darunter verstehen wir den „guten, alten Kachelofen" (vgl. die Definition auf Seite 35), ist ein Speicherofen. Er wird meist ein- oder zweimal am Tag mit festen Brennstoffen beheizt. Die im Feuerraum entstehenden Heizgase werden in einem System von fallenden, steigenden und liegenden Zügen durch diese Schamotte-Kanäle und gegebenenfalls um eine oder mehrere Heizröhren – auch Durchsichten genannt – herumgeführt und geben ihre Wärme an die Speichermasse des Ofens ab. Von dort gelangt diese Wärme mit zeitlicher Verzögerung an die Oberfläche der Kachelwand, um als Raumheizwärme wirksam zu werden.

Die Regelungierung der Wärmeabgabe, die sowohl zeitlich als auch über die Brennstoffmenge möglich ist, erfolgt weitestgehend über die Brennstoff-Beschickung.

Im Gegensatz zum Warmluft-Kachelofen hat der Kachelgrundofen keine Warmluftzüge und damit auch keine Luftgitter. Eine zusätzliche und vor allem auch raschere Wärmeabgabe kann jedoch über eingebaute Wärmeröhren erfolgen.

Der Kachelgrundofen und seine Teile

Vgl. hierzu auch den Querschnitt mit Erläuterung auf Seite 46.

Im Feuerraum findet die Verbrennung statt. Bei normalen Zugverhältnissen herrschen dort die höchsten Temperaturen. Bei Erwärmung muß er sich deshalb nach allen Seiten genügend ausdehnen können. Die Konstruktion des Feuerraums ist auf den vorgesehenen Brennstoff abzustimmen. So wird z. B. für Koksfeuerung ein Füllschacht gebraucht. Der Kachelgrundofen wird dann wie ein Koks-Dauerbrandofen betrieben.

Der Rost trennt den Ascheraum von dem darüber befindlichen Feuerraum. Die richtige Wahl des Rostes ist von außerordentlicher Bedeutung. Bei einem zu groß gewählten Rost kann zu viel Verbrennungsluft eintreten und die sich aus dem Brennstoff entwickelnden Gase zu stark abkühlen. Umgekehrt kann bei zu kleinen Rosten zu wenig Verbrennungsluft in die Feuerstätte gelangen; die Folge wäre eine unvollkommene Verbrennung und starke Verrußung im Ofen.

Die Feuerraumdecke schließt den Feuerraum nach oben ab.

Gasschlitze sind notwendig, um bei einer unvollkommenen Verbrennung den Gasen aus dem Feuerraum die Möglichkeit zu geben, auf dem kürzesten Weg durch den Schornstein ins Freie abziehen zu können.

Das Feuergeschränk bei einem Kachelgrundofen mit Rostfeuerung hat mindestens zwei Türen:

- die Fülltür zum Beschicken des Feuerraumes mit Brennstoff;
- die Aschetür zur Aufnahme des Aschekastens und vor allem zum Einströmen der Verbrennungsluft.

Dem Feuerraum nachgeschaltet sind Züge, die von den Heizgasen auf dem Weg zum Schornstein durchströmt werden. Diese geben ihre mitgeführte Wärmeenergie überwiegend an die Wandungen ab. Die Länge der Züge richtet sich nach der Größe des Kachelgrundofens.

Das Rauchgasrohr, auch kurz „Rauchrohr" genannt, ist die Verbindung zwischen Feuerstätte und Schornstein und sollte möglichst kurz sein. (Weitere Ausführungen im Kapitel Schornstein)

Damit die sich am Boden der Heizgaszüge absetzenden Ascheteile von Zeit zu Zeit herausgeholt werden können, sind Reinigungsöffnungen in der Kachelwand erforderlich.

Wärmeröhren und Durchsichten können bei entsprechend großen Kachelgrundöfen oberhalb der Feuerung eingebaut werden. Sie sind auf einer oder zwei Seiten offen bzw. mit Türchen verschließbar.

Werden die Türen geöffnet, so wirken sie als Schnellheizflächen und geben ihre Wärme sofort nach dem Anheizen des Kachelgrundofens ab. Damit kann die Zeit von mindestens zwei Stunden, die der Kachelofen benötigt, um seine volle Heizleistung zu erreichen, etwas abgekürzt werden. Wie der Name schon sagt, können in der Wärmeröhre Speisen warmgehalten oder bei entsprechender Konstruktion darin auch gebacken werden (Bratäpfel!).

Heizleistung

Die Heizleistung eines Kachelgrundofens ergibt sich aus seiner Bauart und seiner wirksamen Heizfläche. Die notwendige Heizfläche errechnet man, indem man den zuvor ermittelten Wärmebedarf des Raumes durch die spezifische Heizleistung des Kachelgrundofens dividiert. Als anrechenbare Heizfläche ist die gesamte wirksam von der Raumluft umspülte Oberfläche des Kachelgrundofens anzusehen. Bei der Bodenfläche sind die Querschnitte der Sockelkästen oder der Füße abzuziehen.
Die Oberfläche des Rauchrohrs sowie alle indirekt erwärmten Bauteile rechnen nicht zur Heizfläche. Alle Stahl- und Gußteile werden übermessen.
Die Rückwand des Grundkachelofens kann nur dann vollwertig als Heizfläche gerechnet werden, wenn der Abstand zur Wandfläche mindestens 15 cm beträgt.
Bei Wärmeröhren wird der Querschnitt der durchbrochenen Kachelflächen abgezogen; dafür werden aber die aus Stahlblech bestehenden Innenflächen hinzu gerechnet, wodurch sich meist eine Erhöhung der Gesamt-Leistung ergibt.

Kachelofentüren mit Knopfverschluß aus Grauguß
oben: Fülltür, unten: Aschetür mit Drehrosette

Schwarzwälder Heiztür (geöffnet)
schwere Ausführung, mit Asbestdichtung

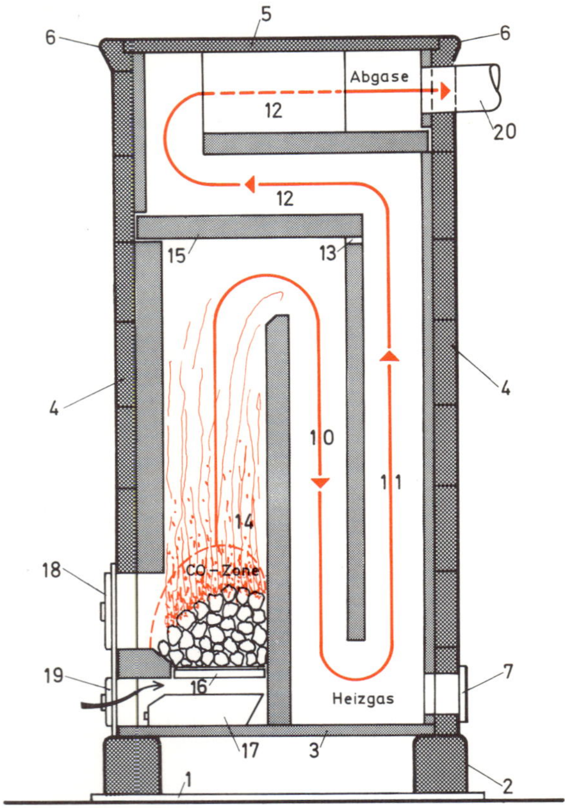

Kachelgrundofen in mittelschwerer Bauart (Schema)

8 Kacheln hoch + Sims, 6 Kachelschichten Feuerraum und nachfolgenden liegenden Zügen.

Ausreichende Feuerraumhöhe gewährleistet optimale Verbrennung bei gutem Schornsteinzug.

1 Bodenplatte und Fundament (siehe auch Seite 43)

2 Füße aus Tonmaterial zu den Kacheln passend oder aus Metall

3 Boden in feuerbeständiger Ausführung, z.B. Metallblech mit Schamotteplatten. In diesem Bereich auch ein Fußgesims aus Kachelmaterial oder ein Stahl-Grundrahmen

4 Kachelwand (Ofenmantel) mit dem größten Anteil an der Heizfläche. Kachelwand innen ausgefüttert und glatt verstrichen

5 Decke mit Abdeckkacheln oder Abdeckplatten

6 Sims als Plattsims bzw. Obersims

7 Reinigungsöffnungen mit Reinigungskapsel verschlossen, leicht zugänglich und in ausreichender Anzahl

8 Schamotte-Ausfütterung, feuerfest

9 Dehnungsfuge bei freistehendem Feuerraum und überall dort, wo durch das Aufheizen Ausdehnungen und Zwänge entstehen können

10 Sturzzug (Fallzug). Die Strömungswiderstände durch Reibung, Richtungsänderung und Querschnittsänderung sind möglichst gering zu halten bzw. entsprechend auszubilden

11 Steigzug

12 Liegende Züge

13 Gasschlitze

14 Feuerraum als geschlossenes Einbauteil, ohne Falschluftquellen, aber mit Ausdehnungsmöglichkeit bei Erhitzung.

15 Feuerraumdecke aus Schamotteplatten oder -steinen, lose aufliegend

16 Rost, Ausführung sorgfältig auf den vorgesehenen Brennstoff abgestimmt

17 Ascheraum mit Aschekasten

18 Fülltür

19 Aschetür

20 Rauchgasrohr, vorwiegend aus Metall, Durchmesser nach Ofenleistung

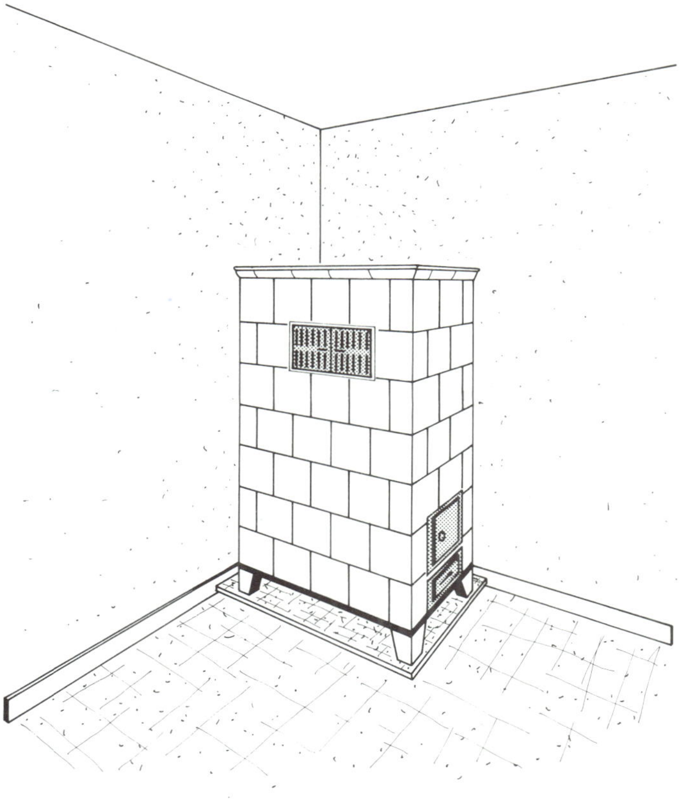

1 Bodenplatte
2 Feuerraum
3 Feuertür
4 Sturzzug
5 Stehende Rauchgaszüge
6 Wärmerohr
7 Kachelwand
8 Schamotte-Ausfütterung
9 Rauchgasrohr
10 Schornstein

Frei stehender Kachelgrundofen für Kohlefeuerung

Ein Kachelgrundofen in hochrechteckiger Kastenform, die bevorzugte Ausführung des Jugendstils.

Ein Kachelofen, der sich durch große Einfachheit in der Form und durch sehr sparsame Verwendung von Zierteilen auszeichnet.

Diese Kachelgrundöfen werden auch heute noch in großer Anzahl in der DDR gebaut.

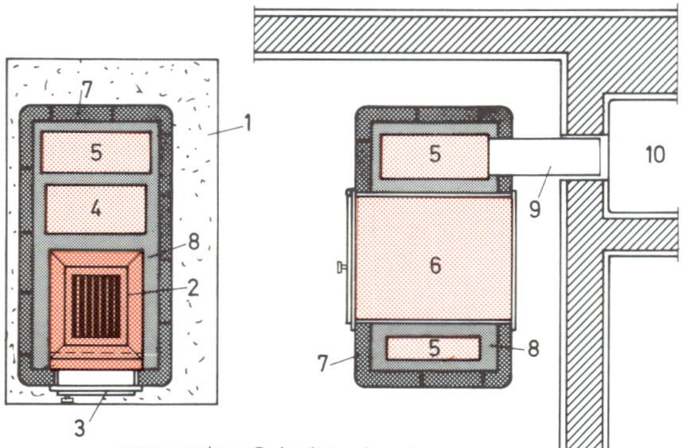

waagrechte Schnitte durch
die Feuerung das Wärmerohr

Holzbrandkachelofen

Bei der Beschreibung der Energiesituation (Seite 22) wurde bereits auf den wieder entdeckten Brennstoff Holz hingewiesen. Mit diesem wohl ältesten Brennstoff kann in speziellen Holzbrandkachelöfen wirtschaftlich geheizt werden.

Der Holzbrandkachelofen ist ein Speicherkachelofen, so wie der bereits vorgestellte Kachelgrundofen für feste Brennstoffe. Zur Deckung des Wärmebedarfs wird die notwendige Holzmenge möglichst kurzzeitig bei voller Flamme abgebrannt. Die Brennstoffmenge richtet sich nach dem jahreszeitlich und witterungsabhängig gegebenen Wärmebedarf. Nach erfolgtem Abbrand der aufgelegten Holzmenge wird die Heiztür dicht geschlossen, um ein Auskühlen des Kachelofens von innen heraus zu vermeiden.

Ähnlich wie die Kachelgrundöfen werden Holzbrandkachelöfen in mittelschwerer und leichter Bauart für Heizleistungen von 2 000 bis 6 000 Watt ausgeführt; eine schwere Bauart ist nicht vorgesehen. Die mittlere Heizflächentemperatur beträgt beim mittelschweren Ofen 70 °C, beim leichten Ofen 80 °C.

Holzbrandkachelöfen können in ihren Abmessungen recht differenziert auf die erforderliche Heizleistung abgestimmt werden. In einschlägigen Tabellen werden Kachelofengrößen von 44 X 55 cm Grundfläche und 88 cm Höhe bis zu 110 X 154 cm Grundfläche und Raumhöhe angegeben.

Bei der Wärmebedarfsberechnung ist beim Holzkachelofen, wie bei jeder Heizanlage, die DIN 4701 anzuwenden.

Äußere Form und innerer Ausbau des Holzbrandkachelofens werden sehr stark von dem zur Verfügung stehenden Schornstein beeinflußt. Bei niedrigen Schornsteinen (z. B. in Bungalows) sollten hohe oder gar raumhohe Kachelöfen mit geringerer Grundfläche gebaut werden (Abb. Seite 138).

Über dem Feuerraum im unteren Teil sind dann durchweg waagerecht liegende Züge übereinander angeordnet; solche Kachelöfen „ziehen in sich selbst".

Holzbrandkachelöfen können frei stehen oder an eine Wand bzw. Raumecke angebaut werden. Ebenso ist der Durchbau durch eine Wand zur gleichzeitigen Beheizung von zwei Räumen möglich.

Um auch die angebaute Rückseite heiztechnisch ausnutzen zu können, kann eine bestimmte Luftführung, wie aus der Zeichnung auf der nächsten Seite ersichtlich, vorgesehen werden. Bei hohen Kachelöfen befinden sich die Ausströmöffnungen für die Warmluft durch den rückseitigen Schacht direkt über der Kachelofendecke. Bei niedrigen Kachelöfen können z. B. auch Deckengitter (Seite 55) in die Ofendecke eingebaut werden.

Zur Verfeuerung kommen normalerweise Holzscheite von 25 cm Länge, die senkrecht in den Feuerraum gestellt werden. Möglich ist auch die Verbrennung von Reisig- oder Rebholzwellen sowie zu Stapeln geschichteten Braunkohlenbriketts.

In diesem Buch wird noch über weitere Kachelöfen, die speziell für Holzbrand eingerichtet sind, berichtet:

- über Kachelöfen für Holz-Dauerbrand auf Seite 50;
- über Kachelöfen mit Backraum auf Seite 70 und 71;
- über Kachelöfen mit Wasserteil für die Warmwasser-Zentralheizung auf Seite 76.

Weiterhin kann Holz in speziellen Heizeinsätzen bei Warmluft-Kachelöfen verfeuert werden (Seite 51).

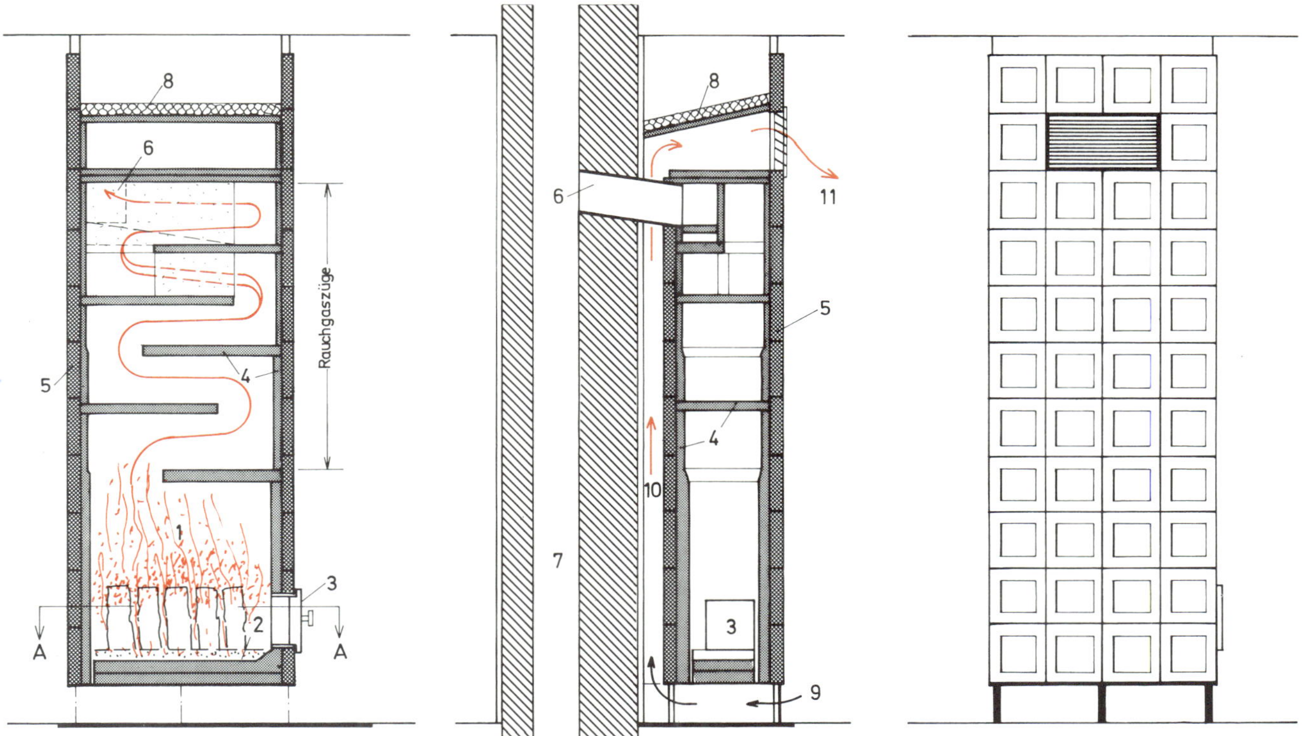

Längsschnitt B–B Querschnitt C–C Vorderansicht

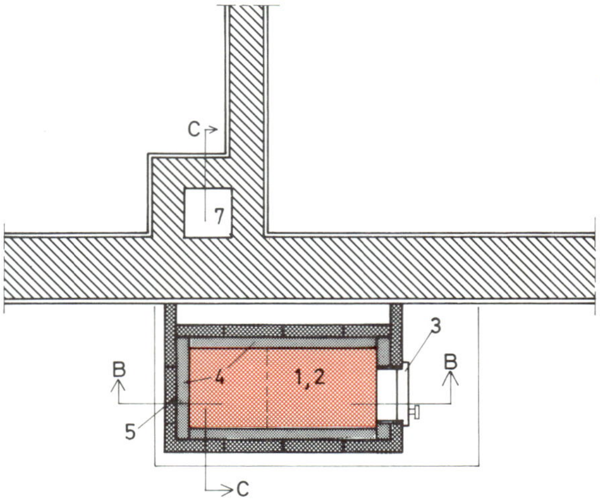

Grundriß A–A

Angebauter Holzbrandkachelofen als raumhoher Säulenofen (nach Henhapl)

1 Feuerraum für 25 cm lange Holzscheite, Reisigwellen oder Braunkohlenbriketts
2 Aschenmulde
3 Fülltür
4 Schamotteplatten
5 Kachelmantel
6 Rauchgasrohr
7 Schornstein
8 Nichtbrennbare Wärmedämmung
9 Umlufteintritt
10 Zwangsläufige Luftführung
11 Warmluftaustritt

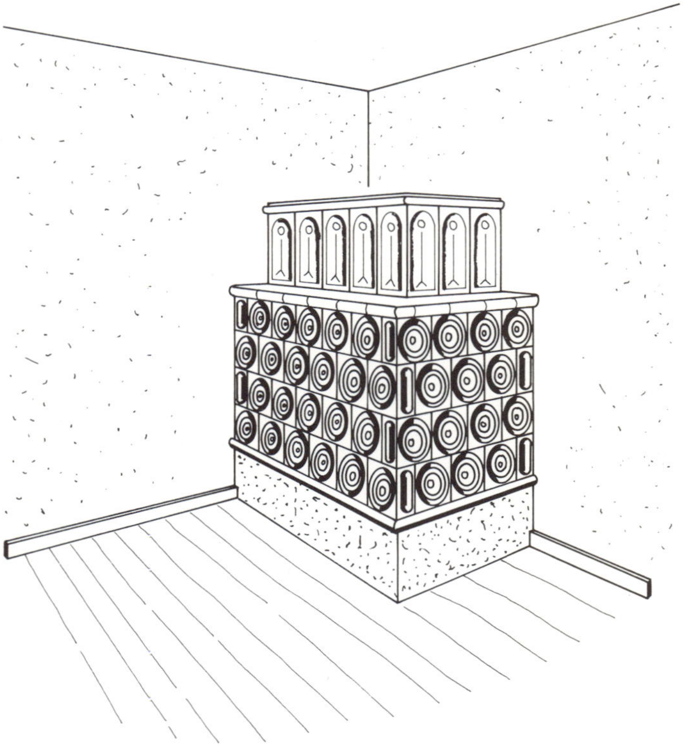

1 Feuerraum für 1 m lange Holzscheite
2 Fülltür
3 Schmaler, langer Rost
4 Seitliche Abschrägungen
5 Schlitze für die Sekundärluft
6 Rauchgaszüge
7 Kachelwand
8 Schamotte-Platten
9 Schornstein mindestens 20/20 cm

Zur weiteren Erläuterung dient der Querschnitt auf Seite 76.

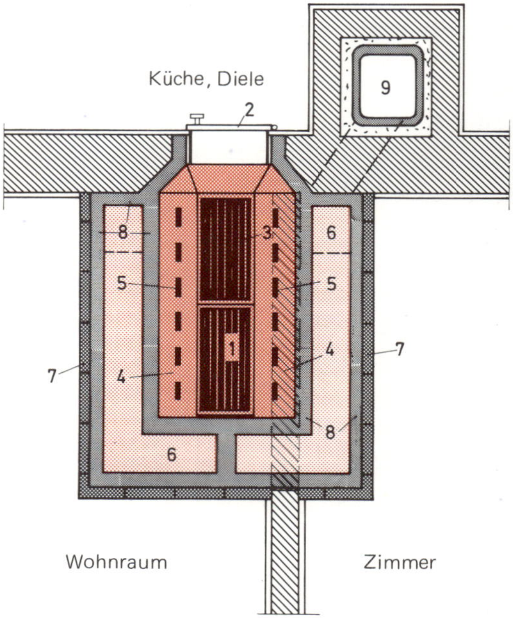

Zwischen zwei Räumen durchgebauter Kachelofen für Holzfeuerung mit unterem Abbrand (Schweiz)

Ein behäbiger und ausgesprochen behaglich wirkender Kachelofen. Diese Wirkung wird noch durch die tiefen Schüsselkacheln mit grüner oder brauner Glasur besonders betont. Der Aufsatz besteht aus großformatigen Bildkacheln.

Er beheizt zwei Räume und wird von der Küche oder der Diele aus bedient.

Der spezielle Kachelofen ist für die Verbrennung großer Holzscheite eingerichtet. Mit einer Brennholzfüllung ergibt sich ein Dauerbrand von vier bis sechs Stunden.

Wegen der großen Wärme-Speicherkapazität eines Kachelgrundofens wäre für die Raumheizung eine Befeuerung im Zeitbrand ausreichend. Der Dauerbrand macht es aber möglich, daß gleichzeitig eine über dem Feuerraum eingebaute Koch- und Backröhre laufend mitbenutzt werden kann.

Warmluft-Kachelofen und Kachelofen-Warmluftheizung

Um das Gebiet der Warmluft-Kachelöfen etwas übersichtlicher zu gestalten, werden für das vorliegende Buch die Bezeichnungen

- Warmluft-Kachelofen und
- Kachelofen-Warmluftheizung

gewählt.

Bei diesen Heizungsarten sind Feuerung und Kachelwandung getrennt, im Gegensatz zu dem bereits beschriebenen Kachelgrundofen, bei dem die Feuerung im Ofen enthalten ist und die Heizgase direkt auf die Kacheln einwirken.

Der Feuerraum befindet sich in einem industriell hergestellten Heizeinsatz, der für die Verfeuerung von festen Brennstoffen, wie Koks und Kohle bzw. Holz und Briketts, normalerweise aus Gußeisen, für Heizöl und Gas aus Gußeisen oder Stahlblech besteht. Die mit Strom beheizte Kachelspeicherheizung wird auf Seite 65 beschrieben.

Kachelwände und Kacheldecke umgeben den Heizeinsatz mit einem gewissen Abstand. In der so gebildeten Heizkammer wird die Umgebungsluft, die unten in die Kammer eintritt, an den Heizflächen des Einsatzes erwärmt. Sie steigt nach oben und verläßt als Warmluft die Heizkammer

- durch regelbare Gitteröffnungen in direkt angrenzende Räume;
- durch Schächte und/oder Kanäle in etwas abgelegene Räume.

Die Kachelflächen werden außerdem vom Heizeinsatz direkt angestrahlt, speichern diese Wärme und geben sie nach außen ab, so wie beim Kachelgrundofen.

Der Kreislauf der Luft wird dadurch aufrecht erhalten, daß die erwärmte und damit leichtere Luft nach oben steigt, nach Abkühlung wieder nach unten sinkt und zur Heizkammer zurückkehrt.

Die Wärmeabgabe erfolgt sofort nach dem Anheizen vorwiegend durch Konvektion. Nach einer gewissen Zeit kommt die Strahlungswärme über den Kachelmantel hinzu.

Warmluft-Kachelofen

Beheizt wird ein Raum oder werden zwei bis drei Räume, sofern diese direkt von der Heizkammer, also ohne Luftkanäle, mit Wärme versorgt werden. Dabei kann der Kachelmantel in die verschiedenen Räume ragen; es können aber auch regelbare Warmluftgitter in der Raumwand vorgesehen werden. Der Heizeinsatz kann von einem versorgten Raum, aber auch einem Nebenraum, wie z. B. Küche, Diele oder Flur, bedient werden. Die Heizleistung kann am Heizeinsatz sowie durch die Gitteröffnungen reguliert werden. Die Umwälzung der Luft erfolgt durch Schwerkraft.

Kachelofen-Warmluftheizung

Dabei handelt es sich im Prinzip um einen Warmluft-Kachelofen, der außerdem über Schächte und/oder Kanäle weitere bzw. entfernt liegende Räume im gleichen oder darüber liegenden Geschoß beheizt. Diese Warmluftheizung ist noch weiter zu differenzieren:

- Kachelofen-Warmluftheizung als **Schwerkraftsystem**, wobei die erwärmte und damit leichtere Luft in den Schächten nach oben steigt. Die Rückluft wird ebenfalls über Schächte oder bei geeigneter Gebäudegestaltung über Treppenraum und Flur zur Heizkammer zurückgeführt, damit der Kreislauf von neuem einsetzen kann. Die nach dem Schwerkraftsystem zu versorgenden Räume sollten nicht allzu weit entfernt liegen, in der waagerechten Entfernung bis zu etwa 2,50 m.

– Bei der Kachelofen-Warmluftheizung als **Druckluftsystem** werden in die Luftverteilung motorisch angetriebene Ventilatoren eingeschaltet, die die erwärmte Luft über weitere Strecken und auch in größeren Mengen befördern. Aber auch hier muß dafür gesorgt werden, daß die abgekühlte Luft wieder zur Heizkammer zurückkehrt, sofern man nicht nach dem Frischluftprinzip arbeiten will.

Warmluft-Kachelöfen und ihre Einzelteile

Als Wärmeerzeuger dienen Heizeinsätze, über die am Ende dieses Kapitels berichtet wird.
Heizeinsätze dürfen wegen der notwendigen Umluft nicht auf gemauerte Sockel gestellt werden. Sie sind vielmehr auf Tragegestellte aus Winkelstahl oder dgl. mit einem gewissen Abstand vom Boden aufzustellen.
An der Bedienungsseite werden die Heizeinsätze mit sogenannten Frontplatten an die umgebende Mauerwerks- oder Kachelwand angeschlossen. Eine Vortür als Schmuckelement kann zusätzlich angebracht werden. Diese Tür dient dann gleichzeitig als Schutz gegenüber der oft hoch erhitzten Frontplatte.

Zur weiteren Ausnutzung der in den Verbrennungsgasen enthaltenen Wärme werden zwischen Heizeinsatz und Schornstein Nachheizflächen, auch Heizgaszüge genannt, eingebaut. Dabei kann es sich um keramische Heizgaszüge aus Schamottematerial handeln oder um sogenannte Heizkästen aus Stahlblech. Bei Heizeinsätzen für Holzbrand empfiehlt es sich, die Heizkästen mit Schamottematerial auszumauern. Der Heizeinsatz übt dann die Funktion des Warmluft-Kachelofens aus, während die nachgeschalteten Schamottezüge eher der Funktion des Kachelgrundofens gleichkommen.
Zwischen Heizeinsatz und Kachelwand samt -decke liegt die Heizkammer. Deren Abstand zum Heizeinsatz richtet sich je nach Größe und Leistung der Anlage und ist nach der „Technischen Richtlinie Warmluftheizung" bemessen.
Der Kachelmantel ruht auf einem Fußrahmen oder einem gemauerten Sockel. Auf der Innenseite sind die Hohlräume der Kacheln mit Schamotteplatten ausgefüttert; die gesamte Innenfläche ist geglättet. Heizkammerrückwände sowie eventuell in der Heizkammer stehende Schornsteine werden abgeschirmt, damit das Eindringen von Wärme in diese Bauteile verhindert oder zumindest gemindert wird.

Den freien Raum über Heizeinsatz und den Nachheizzügen nennt man Luftsammelkammer.
Der Eintritt der zu erwärmenden Luft erfolgt durch den freien Raum unter dem Kachelmantel in die Heizkammer, bei geschlossenen Wänden durch besondere Zuluftöffnungen.
Die Öffnungen zum Austritt der erwärmten Luft werden in der Regel an der höchsten Stelle der Heizkammer angeordnet. Sie können als freie Öffnungen oder als regelbare Luftgitter ausgebildet sein. Um die bei einem Warmluft-Kachelofen vorherrschende Konvektionswärme richtig regeln zu können, sollten die Gitter ausreichend dimensioniert und abstellbar sein. Das kann dazu führen, daß die Gitter in der Kachelfläche recht groß und optisch störend wirken. Darum gibt es seit einiger Zeit auch regelbare Deckengitter, die bündig in die Decke der Heizkammer eingebaut werden (Seite 55). Der Kachelmantel bleibt so in seiner vollen Schönheit erhalten.

Warmluftkanäle oder -schächte beginnen in der Heizkammerdecke. Ihr Querschnitt ist vom Wärmebedarf des zu versorgenden Raumes abhängig, ausserdem von der Auftriebshöhe und möglicher Widerstände in der Kanalstrecke.
Bei entfernt liegenden Räumen angeordnete Luft-Austrittsstellen werden, sofern sie in Kacheln ausgeführt sind, auch Abwärme-Kachelöfen genannt, die geringfügig Wärme speichern und als milde Strahlung wieder abgeben.

Zum Abschalten oder Regulieren der Warmluftmenge sind in die Kanäle oder Schächte bedienbare Klappen eingebaut.
Wie bei allen Luftheizungen sind auch hier die Innenwandungen der Luftleitungen möglichst glatt gehalten, damit sich kein Staub festsetzen kann.
Die Warmluftschächte und -kanäle können aus Stahlblech, Aluminiumblech, Asbestzement, keramischem Material, einstückig oder aus einzelnen Platten zusammengesetzt sein.

Zur Verbesserung des Wärmetransports oder zur (nachträglichen) Erhöhung der Wärmeleistung im versorgten Raum können in die Luftleitungen Kanalventilatoren eingebaut werden (Abb. Seite 54).

Heizleistung

Die jeweilige Nennheizleistung ist bei jedem Heizeinsatz auf dem Typenschild angegeben. Außerdem muß darauf die Anschrift des Herstellers und eine Registriernummer enthalten sein.

Die Steuerung der Wärmeleistung erfolgt bei festen Brennstoffen durch Einstellen der Verbrennungsluftmenge an der Bedienungsseite des Heizeinsatzes. Bei gas- und ölbefeuerten Heizeinsätzen erfolgt die Regelung üblicherweise durch Raumthermostate, deren Fühler sich im Hauptraum der Wohnung befinden.

Heizeinsätze

Heizeinsätze für **feste Brennstoffe**, und zwar für Kohle, Koks und Braunkohlebriketts, bestehen vorwiegend aus Gußeisen, das in der Glutzone meist von feuerfestem, keramischem Material geschützt wird. (Abbildungen Seite 56). Diese Dauerbrand-Heizeinsätze sind nach DIN 18892 geprüft. Die Regelung der Wärmeleistung erfolgt über Luftschieber oder Leistungsregler. Im Dauerbrandbetrieb ist je nach Außentemperatur, Brennstoff und Größe des Feuerraumes eine ein- bis dreimalige Bedienung je Tag erforderlich.

Ölheizeinsätze werden nach DIN 4731 gefertigt und enthalten in der Regel Verdampfungsbrenner, zum Teil auch Verbrennungsluftgebläse. Aus Gründen der Öleinsparung sollte hier vollautomatischer Betrieb gewählt werden; vorteilhaft ist dabei eine zentrale Ölversorgung, zum Beispiel mit Öltank im Keller und elektrischer Pumpe. Der Kachelofen sollte nicht mehr als 25 m vom Öltank entfernt stehen. Die besonderen bauaufsichtlichen Bestimmungen zur Heizöllagerung sind sorgfältig zu beachten.

Wechselbrand-Heizeinsätze lassen sich für feste Brennstoffe oder Ölfeuerung einrichten und umstellen. Hierzu bietet die Industrie Bauteile an, mit denen der Kachelofenbauer bei Bedarf die gewünschte Umstellung vornehmen kann. Darüber hinaus gibt es auch Wechselbrand-Heizeinsätze, die vom Betreiber selbst mit wenigen Handgriffen von einer Ölfeuerung auf die Verbrennung von festen Brennstoffen und umgekehrt umgestellt werden können.
Mit Mehrstoff-Heizeinsätzen ist es also möglich, jeweils die günstigste oder die gerade zur Verfügung stehende Energie zu wählen.

Heizeinsätze für **Holzfeuerung**, die auch für Braunkohlen-Briketts geeignet sind, besitzen entsprechend große Fülltüren und eine Sekundärluft-Einrichtung. Diese Heizeinsätze werden in der Regel im Zeitbrand betrieben; dazu sind keramische Heizgaszüge zu empfehlen. Will man anhaltenden Abbrand erzielen, empfiehlt sich die Verwendung von Braunkohlenbriketts.

Gasheizeinsätze müssen DIN 3365 oder DIN 3164 entsprechen. Sie sind meist mit atmosphärischem Allgasbrenner ausgestattet. Die Wärmeleistung kann über verschiedenartige Steuerungen reguliert werden. Die bei den bisher beschriebenen Heizeinsätzen möglichen Heizgaszüge dürfen bei Gasheizeinsätzen **nicht** nachgeschaltet werden. Dafür werden im Gasheizeinsatz selbst auf kleinstem Raum möglichst große Heizflächen untergebracht. Der

Platzbedarf eines gasbefeuerten Warmluft-Kachelofens ist deshalb besonders gering, bei Einhaltung der vorgeschriebenen Abstände die Kachelfläche aber auch entsprechend klein.

Abschließend kann festgehalten werden, daß Kachelofen-Heizeinsätze in sich abgeschlossene, betriebsfertige Heizgeräte sind, die mit allen modernen Regeleinrichtungen ausgestattet werden können. Sie werden nach DIN-Normen gefertigt und geprüft.

Weitere Möglichkeiten zur Beheizung eines Warmluft-Kachelofens sind:

- Nachtstrom-Heizeinsätze (sie werden auf Seite 65 näher beschrieben);
- mit Warmwasser beheizte Kachelöfen, die mit einem Warmwasser-Heizregister ausgestattet sind, das an den Heizungsvorlauf angeschlossen ist.

Kachelofen-Heizkammer im Kellergeschoß

Es ist üblich, den Kachelofen dorthin zu bauen, wo die Wärme direkt gebraucht wird. Im Ausnahmefall, z. B. weil im Wohngeschoß kein Platz vorhanden ist, kann der Heizeinsatz im Kellergeschoß aufgestellt werden. Die ihn umgebende Heizkammer sowie die Heizgaszüge zum Kachelabwärmeofen im Erdgeschoß sind dann als **eine** Feuerstätte anzusehen.

Die Heizkammer mit Heizeinsatz ist mit feuerbeständigen und gut wärmedämmenden Umwandungen zu versehen, denn der Keller soll ja nicht geheizt werden.

Nachdem die beim Normaleinsatz übliche Umluft über Treppenhaus oder Diele hier nicht möglich ist, sind besondere Zuluftkanäle erforderlich, die unterhalb des Heizeinsatzes münden.

In eine Kachelwand eingebautes Warmluftgitter aus Gußeisen.

In eine Heizkammerdecke waagrecht eingebautes Warmluftgitter.

Steinöfen

Die ersten Steinöfen können als die Vorläufer der Kachelöfen angesehen werden. Die heutige Bauweise von Steinöfen ist – umgekehrt – in vielen Dingen an den Kachelofenbau angelehnt – und es sind dennoch keine Kachelöfen.

Für den Aufbau des Ofenmantels werden Formsteine im Format 22 × 22 cm bzw. 20 × 20 cm verwendet. Dazu gibt es aus dem gleichen Material Simse und Füße.

Das Steinmaterial muß hinsichtlich seiner Wärmeleitfähigkeit und Beständigkeit etwa der Ofenkachel entsprechen.

Die Formsteine sind gleichmäßig dick, der die Ofenkachel kennzeichnende Rumpf fehlt hier, und damit entfällt auch das bei den Ofenkacheln übliche Ausfüttern.

Das Steinformat wurde deshalb an die Abmessungen der Ofenkacheln angelehnt, damit die im Kachelofenbau üblichen Zubehörteile – wie z. B. Luftgitter – auch hier eingebaut werden können. Selbstverständlich sind auch andere Formate möglich, z. B. flache Steine, die im Verband versetzt werden.

Das Erscheinungsbild wird bei glatten Formsteinen im wesentlichen durch die Farbe und Maserung des Steinmaterials bestimmt. Angeboten werden auch Motiv-Formsteine mit plastischer Oberfläche.

Mit diesen speziellen Steinen kann man sowohl **Grundsteinöfen** als auch **Warmluft-Steinöfen** bauen. Die Kosten entsprechen etwa denen eines Kachelofens gleicher Größe und mittlerer Preislage.

Auf Seite 145 wird die Abbildung eines Steinofens gezeigt.

Holzkombi-Heizeinsatz

Kohle-Heizeinsatz

Gas-Heizeinsatz

Wechselbrand-Heizeinsatz
(eingestellt für Kohlefeuerung)

1 Heizeinsatz
2 Doppelbogen
3 Rauchgasrohr
4 Warmluft-Austritt

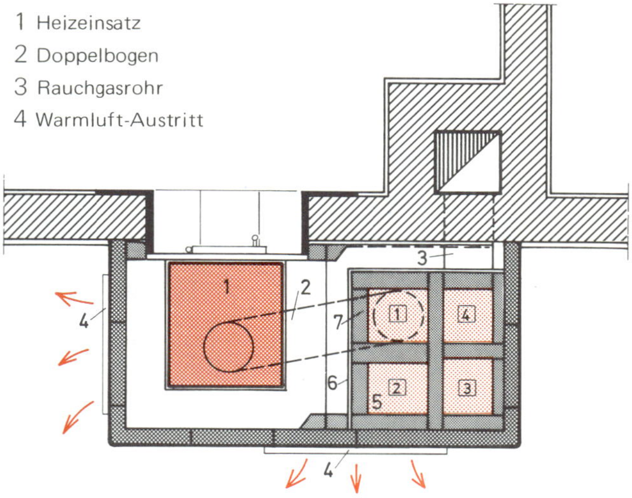

Warmluft-Kachelofen für einen Raum
Heizleistung 4–6 kW

mit 4 keramischen Heizgaszügen im Block geschaltet

5 Heizgaszüge [1] [2] [3] [4] als gute Wärmespeicher ähnlich wie beim Kachelgrundofen
6 Stahlblechmantel
7 Ausmauerung mit Schamottesteinen

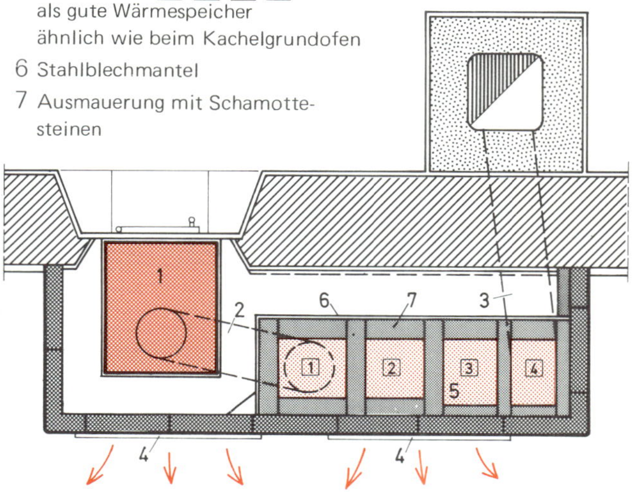

Warmluft-Kachelofen für einen Raum
Heizleistung 5–7 kW

mit 4 keramischen Heizgaszügen in Reihe geschaltet

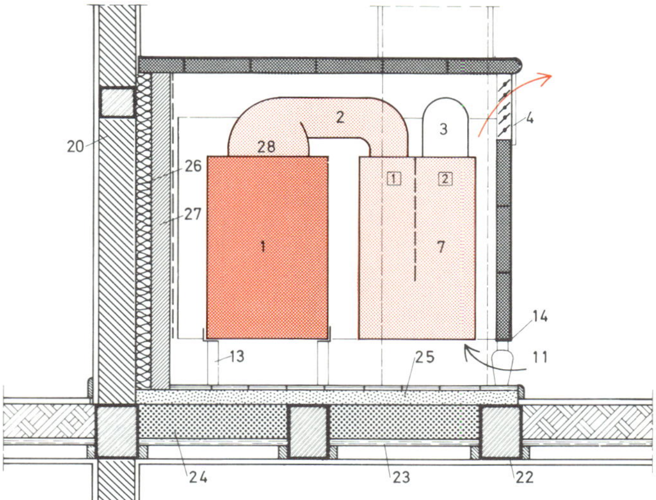

Schnitt A–B durch die Heizkammer

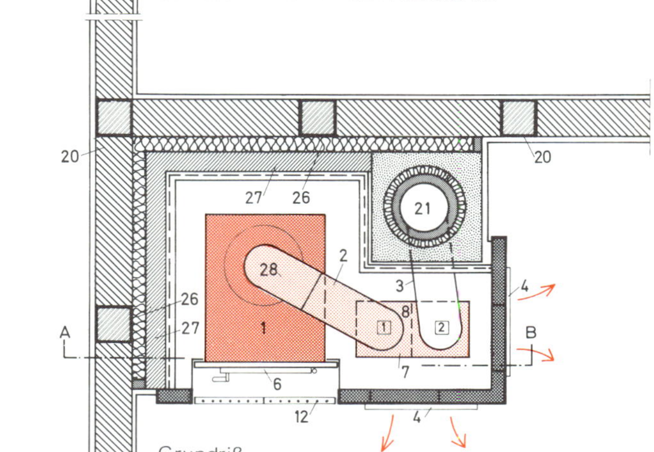

Grundriß

Warmluft-Kachelofen für einen Raum
Heizleistung 5–8 kW
Einbau bei nicht feuerbeständiger Gebäude-Bauart

Erläuterung der Hinweiszeichen 1–14 siehe Seite 62

20 Fachwerkwand
21 Isolier-Schornstein mit Innenrohr und Dämmplatte
22 Holzbalkendecke
23 Fehlboden
24 Schlackbeton oder dergl.
25 Betonplatte mit Baustahlgewebe
26 nichtbrennbare Dämmschicht
27 Vormauerung, z.B. Ziegelvollsteine im Normalformat, hochkant
28 Heizeinsatz mit drehbarer Kuppel und seitlichen Abgasstutzen

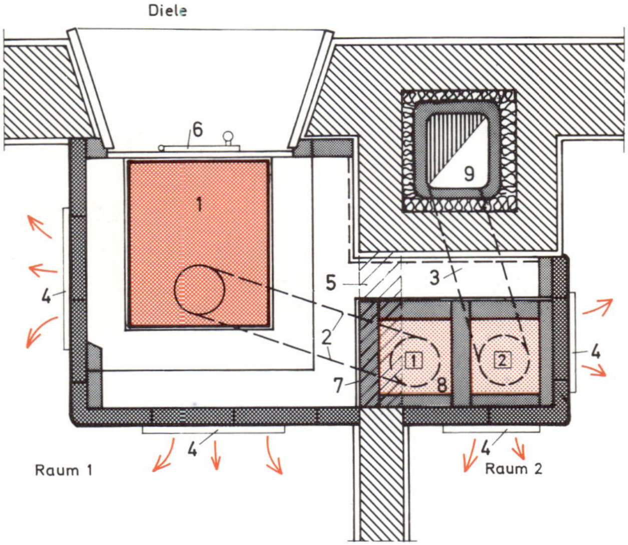

Warmluft-Kachelofen für 2 Räume
Heizleistung 6–8 kW
mit 2 keramischen Heizgaszügen

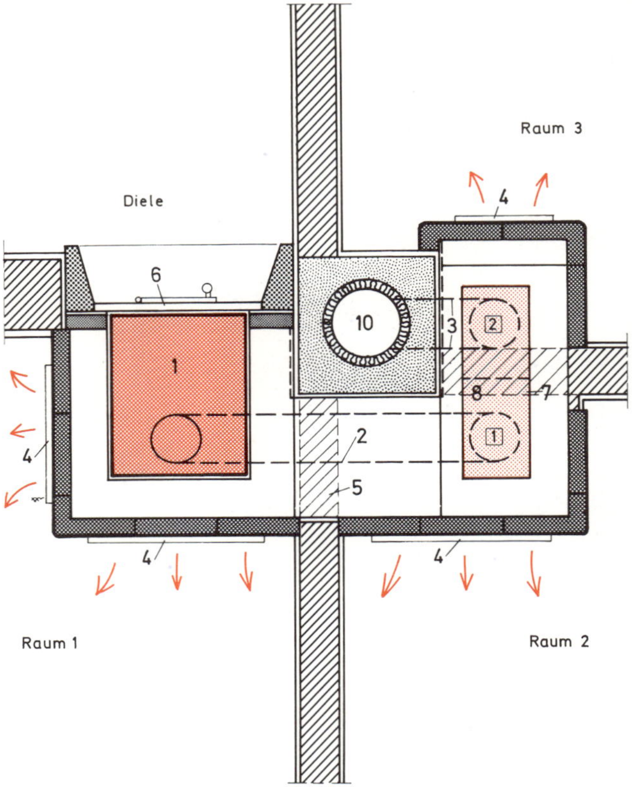

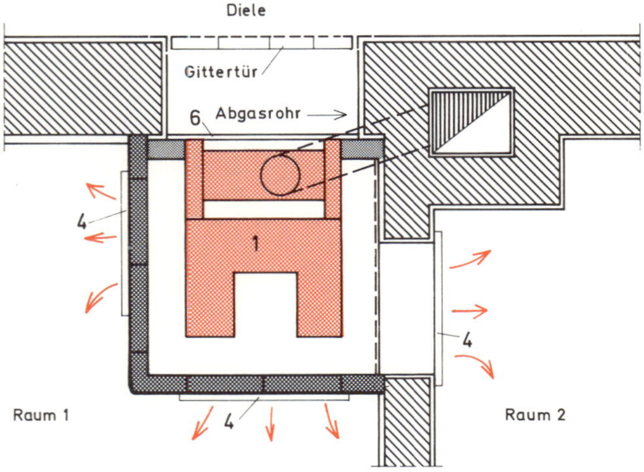

Warmluft-Kachelofen für 2 Räume
Heizleistung 8–11 kW mit Gasheizeinsatz
Nachheizflächen sind hier nicht erlaubt!

Warmluft-Kachelofen für 3 Räume
Heizleistung 7–10 kW
mit 2 Heizgaszügen (Heizkasten aus Stahlblech)

1 Heizeinsatz
2 Doppelbogen
3 Rauchgasrohr
4 Warmluft-Austritt
5 darüberliegende Wand
6 Frontplatte
7 Heizkasten
8 Heizgaszüge [1] [2]
9 Isolierschornstein mit Innenrohr und Dämmplatte
10 Leicht-Schornstein mit Edelstahl-Innenrohr

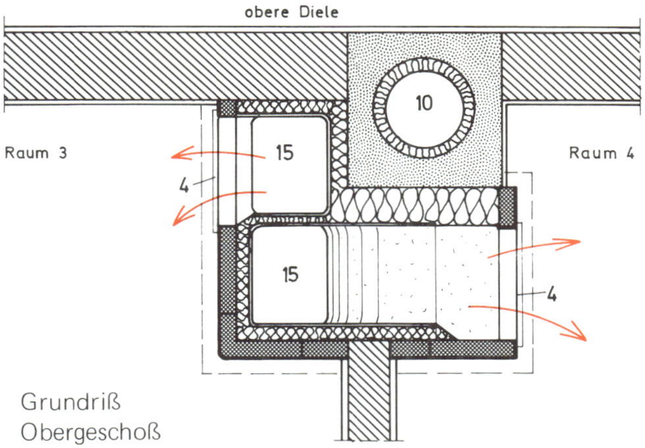

Grundriß
Obergeschoß

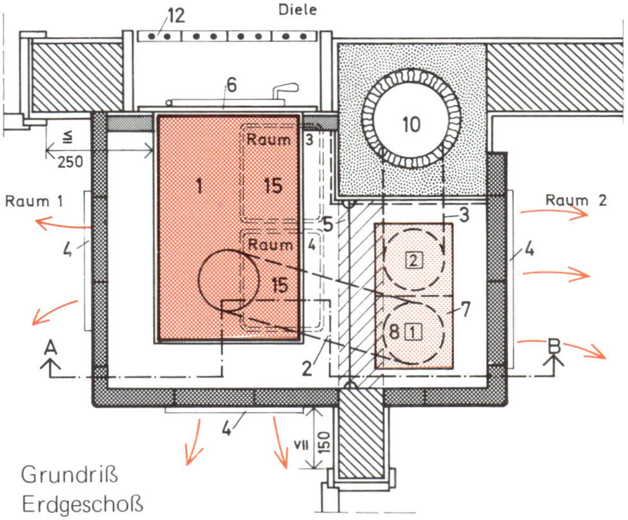

Grundriß
Erdgeschoß

Kachelofen-Warmluftheizung für 4 Räume

(2 Räume Erdgeschoß, 2 Räume Obergeschoß) Heizleistung 9–13 kW

1 Heizeinsatz
2 Doppelbogen
3 Rauchgasrohr
4 Warmluft-Austritt
5 darüberliegende Wand
6 Frontplatte
7 Heizkasten
8 Heizgaszüge [1] [2]
10 Leicht-Schornstein mit Edelstahl-Innenrohr
11 Zuluft zur Heizkammer
12 Vortür mit Ziergitter
13 Heizeinsatz – Tragegestell
14 Kachelmantel-Unterrahmen
15 Warmluftschacht
16 Luftschacht-Dämmung
17 z.B. Rabitzschürze
18 Regulierklappe

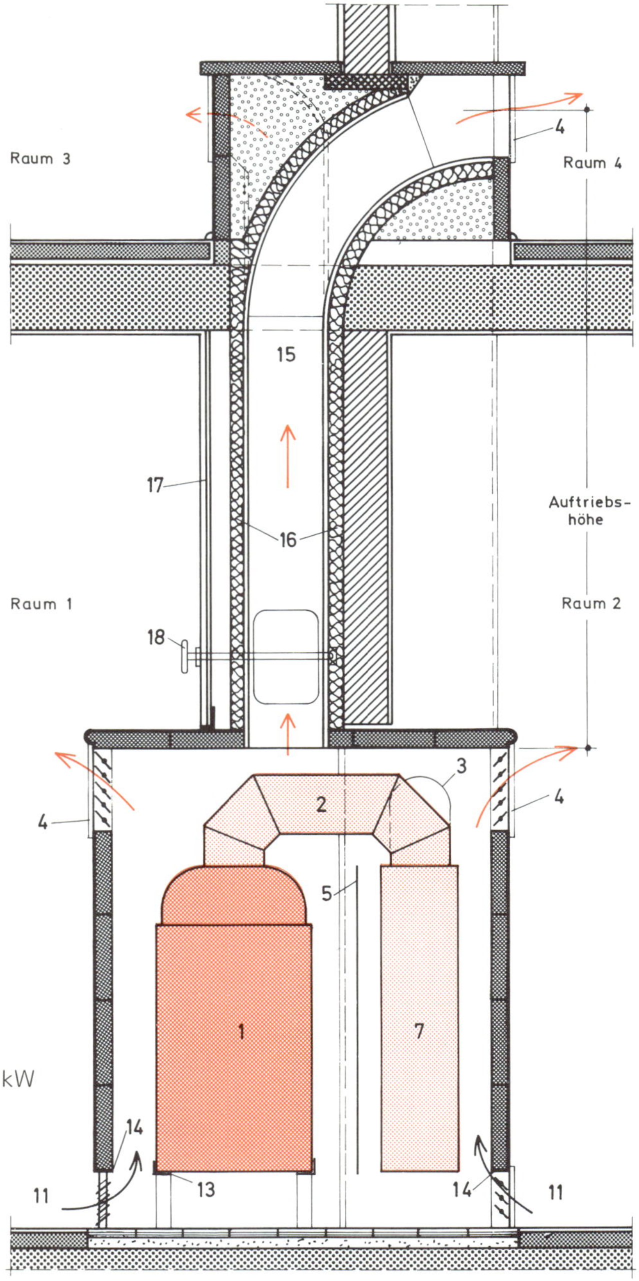

Schnitt A–B durch die Heizkammer

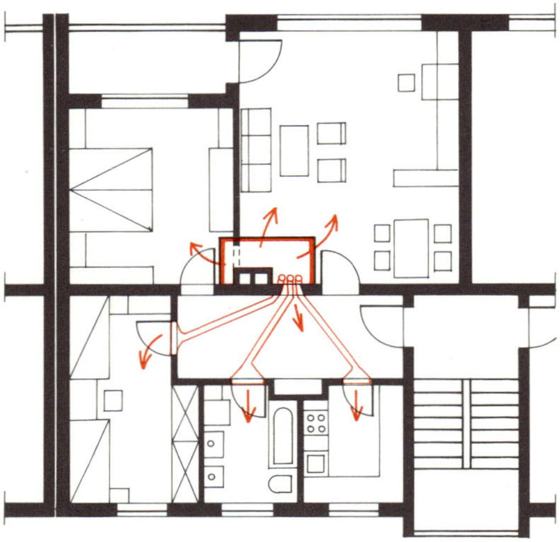

Dreiraum-Geschoßwohnung mit Kachelofen-Warmluftheizung

Der Kachelofen steht im Zentrum der geräumigen Wohnung. Er beheizt direkt den großen Wohnraum und das daneben liegende Elternzimmer. Kinderzimmer, Bad und Küche erhalten ihre Wärme über Warmluftleitungen, die in der Diele über einer Zwischendecke verlegt sind. Die Diele wird durch die Strahlungswärme der Bedienungsseite des Heizeinsatzes versorgt.

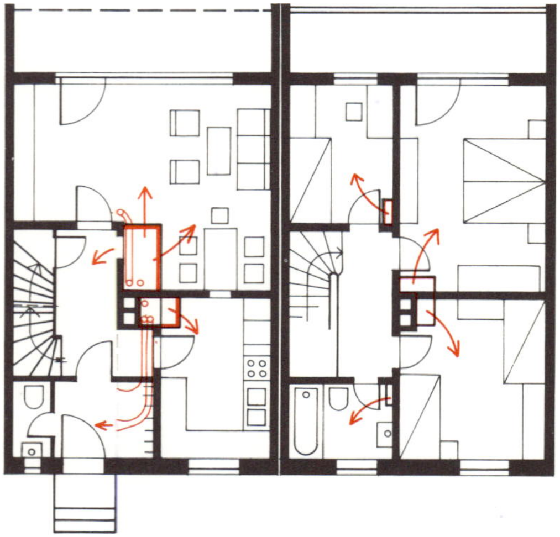

Erdgeschoß Obergeschoß

Zweigeschossiges Reihenhaus mit Kachelofen-Warmluftheizung

Der Kachelofen steht im Wohnraum und wird von der Diele aus bedient. Die angrenzende Küche ist direkt angeschlossen. Über einen unter der Decke liegenden Warmluftkanal wird der Eingangsbereich erwärmt. Im gleichen Hohlraum liegt der Kanal für die Beheizung des Bades im Obergeschoß. Die Deckenverkofferung bildet gleichzeitig die optische Abgrenzung der Garderobennische im Windfang.

Das Elternzimmer und große Kinderzimmer im Obergeschoß werden günstig über Warmluftschächte versorgt. Für das kleine Kinderzimmer ist ein Stichkanal erforderlich, der in einem Deckenschlitz untergebracht werden kann.

Die Umluft erfolgt über die beiden innenliegenden Dielen mit offen eingebauter Treppe.

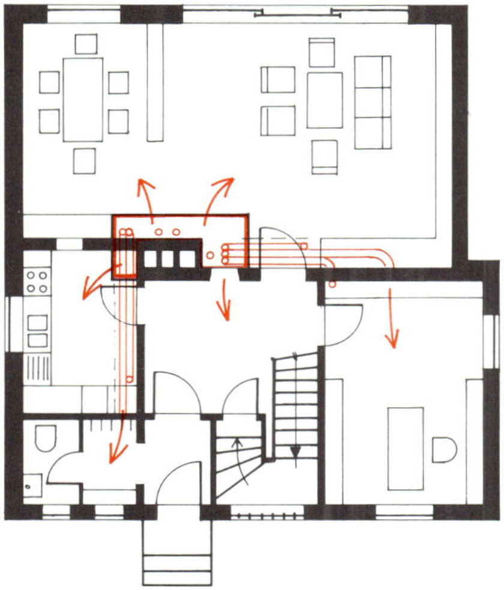

Erdgeschoß

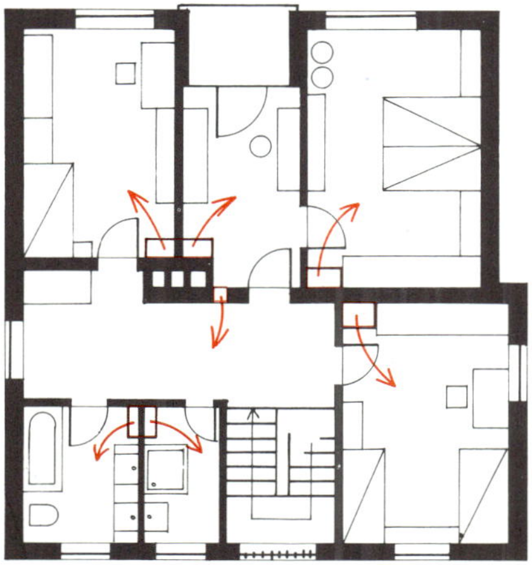

Obergeschoß

Zweigeschossiges Einfamilienhaus mit Kachelofen-Warmluftheizung

Bei diesem Eigenheim mit etwa 180 m^2 Grundfläche wird vorausgesetzt, daß die Außenbauteile nach den Regeln des optimalen Wärmeschutzes ausgeführt sind. Das Haus läßt sich dann mühelos über eine Kachelofen-Warmluftheizung versorgen.

Bei dieser weiträumigen Anlage empfiehlt sich der Einbau eines Ventilatorgeräts. Die Führung der Umluft über die obere Diele, die über die offene Treppe mit der unteren Diele in direkter Verbindung steht, ist ausreichend.

Die Bedienung des Heizeinsatzes erfolgt von der unteren Diele aus.

Der ca. 45 m^2 große Wohnraum mit Eßteil erhält von dem 2,50 bis 3 m breiten Kachelofen ideale, auf die Außenwände gerichtete Strahlungswärme. Die an die Kamingruppe angrenzende Kochküche kann direkt erwärmt werden.

Für die Versorgung des Eingangsbereiches und des Arbeitszimmers im Erdgeschoß sowie des gesamten Obergeschosses sind Warmluftschächte und -kanäle erforderlich. Die unter der Erdgeschoßdecke liegenden Kanäle lassen sich günstig zusammenfassen und verkoffern.

Die geräumige obere Diele mit Fenster erhält einen eigenen Warmluft-Austritt.

1 Heizeinsatz für feste Brennstoffe oder Heizöl
2 Doppelbogen
3 Heizgas-Sturzzug
4 Liegende Heizgaszüge
5 Strahlungsblech
6 Reflektionsschicht
7 Kachelmantel
8 Warmluftgitter
9 Rauchgasrohr
10 Schornstein, z.B. doppelwandiges Edelstahlrohr

In einer Raumecke angebauter Warmluft-Kachelofen mit Kachel-Sitzbank

Der Warmluft-Kachelofen wird von der Diele aus bedient. Der gußeiserne Heizeinsatz wird rasch aufgeheizt und sorgt kurzfristig für warme Luft. Etwas später kommt die in der Kachelwand gespeicherte Wärme noch hinzu.

An den Kachelofen ist eine Kachel-Sitzbank angebaut, die Alemannen nennen sie „Ofenkunst" oder ganz einfach „Kunst". In der Bank sind liegende Heizgaszüge eingebaut, über die die Kacheln erwärmt werden. Für eine körpergerechte Ausbildung der Sitzbank stehen besondere Kachel-Formstücke zur Verfügung. Außerdem wird ein daneben liegendes Zimmer mit Warmluft versorgt.

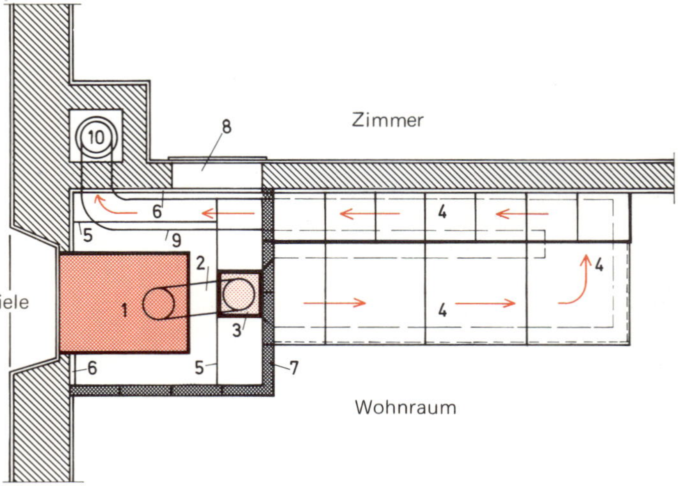

1 Heizeinsatz für Holz, feste Brennstoffe oder Heizöl
2 Doppelbogen
3 Heizkasten
4 Vormauerung mit Reflexionsschicht
5 Kachelmantel
6 Kachel-Sitzbank
7 Grundriß des verputzten Aufsatzes mit eingelassenen Napfkacheln
8 Rauchgasrohr
9 Schornstein, z.B. gemauerte Wangen mit Schamotte-Innenrohr und Wärmedämmung
10 Sitzbankmittelstück
11 Sitzbankgehrungsecke

An eine Wand angebauter Warmluft-Kachelofen mit Kachel-Sitzbank

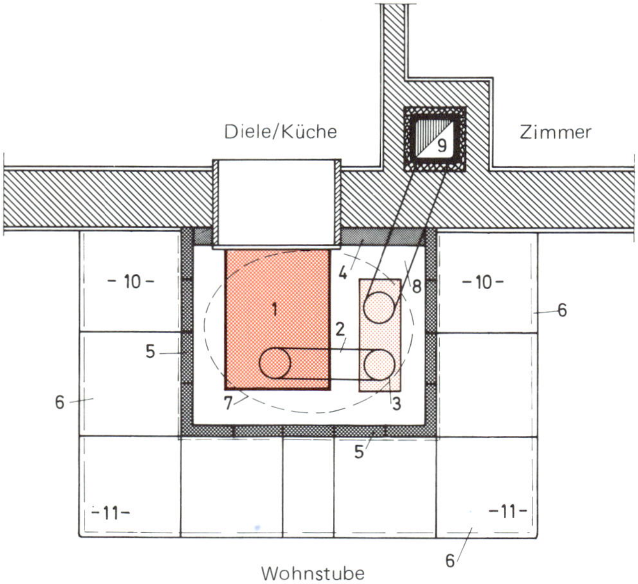

Ein mächtiger kubischer Kachelofen mit ringsum vorgelagerter Kachelsitzbank, der den ganzen Raum beherrscht. Bei dieser Ausführung ergeben sich besonders große Strahlungsflächen.

Der warme Kachelmantel lädt direkt zum Anlehnen ein.

Die Sitzflächen, ausgeführt mit speziellen Kachel-Sitzbankteilen, werden durch Abstrahlung ausreichend erwärmt. Es besteht aber auch die Möglichkeit einer zusätzlichen Beheizung (Seite 77).

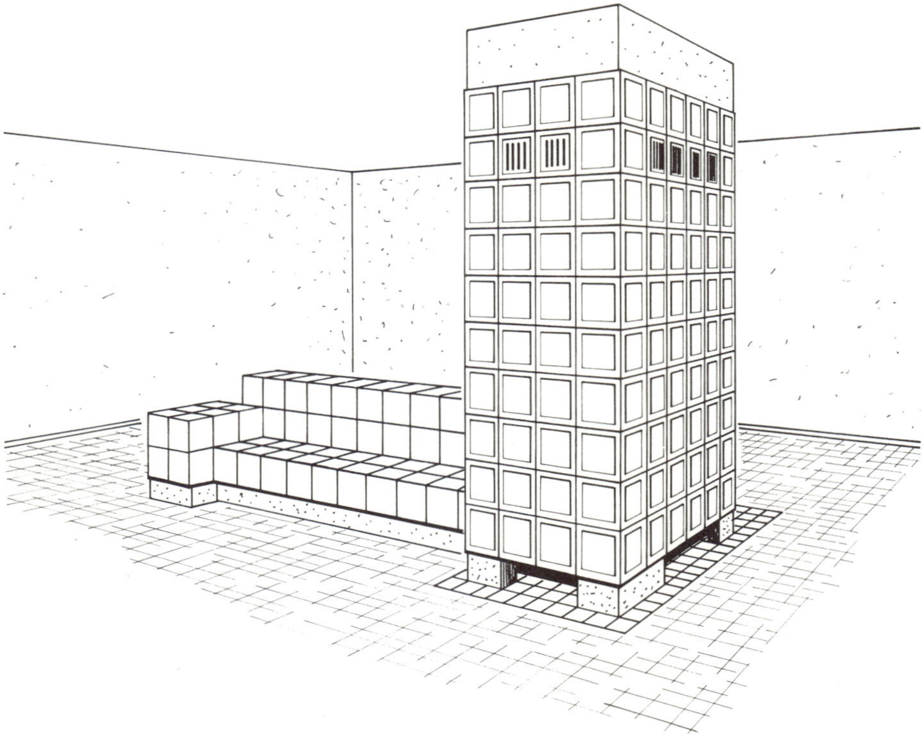

1 Heizeinsatz für Holz, feste Brennstoffe oder Heizöl
2 Doppelbogen
3 Heizkasten
4 Rauchrohr
5 Strahlungsblech
6 Reflexionsschicht
7 Kachelmantel
8 Vortür
9 Warmluftschächte ins darüber liegende Geschoß
10 Schornstein, z.B. Formstücke mit Edelstahl-Innenrohr und Wärmedämmung
11 Stahlbetonstütze
12 Kachel-Sitzbank mit Direktbeheizung (Seite 77)
13 Kachel-Ecktisch

Im Raum frei stehende Kachelofen-Warmluftheizung mit angebauter Kachel-Sitzbank in simsloser Bauweise

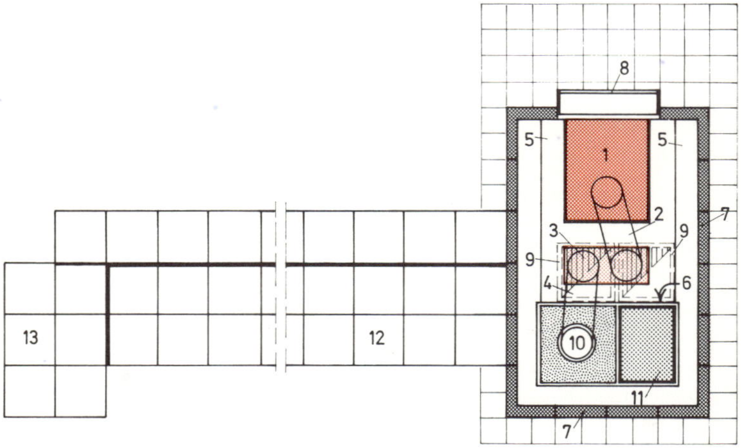

Hier wird der Kachelofen zum Ausgangspunkt der Raumgestaltung gemacht.

Er reicht bis zur Decke und wird bei entsprechender Gestaltung zu einem großformatigen ästhetischen Objekt.

Durch die angebaute Kachel-Sitzbank mit abschließendem Kachel-Ecktisch läßt sich der große Raum unterteilen, ohne daß er zerschnitten wirkt.

So wie im Grundriß dargestellt, kann z.B. eine tragende Stütze mit daneben liegendem Kamin in den Kachelofen integriert und können Luftschächte in das Obergeschoß geführt werden.

Elektrische Nachtstrom-Speicherheizung

Bei dieser Heizart wird Wärmeenergie elektrisch über Widerstände während Zeiten niedrigsten Stromtarifes (Nachtstrom) erzeugt, gespeichert und tagsüber zur Deckung des Wärmebedarfs an den jeweiligen Aufstellungsraum abgegeben.

Den Elektro-Speicherheizsystemen werden einige Vorteile zugerechnet: kein Schornsteinanschluß, keine Brennstofflagerung, nur sehr geringer Bedienungsaufwand, keine Geruchsbelästigung und keine Umweltverschmutzung.
Diesen Vorteilen sind selbstverständlich die Energiekosten gegenüber zu stellen, die trotz des verbilligten Nachtstromes spürbar hoch sein können.

Für die überschlägige Berechnung der Anschlußleistung empfehlen die E-Werke, für vollständig beheizte Räume mit etwa 2,50 m Raumhöhe folgende Werte je m² Raumfläche anzunehmen:

- bei sehr gutem Wärmeschutz und sehr günstiger Lage des Gebäudes ca. 150 W;
- bei mittlerem Wärmeschutz und geschützter Lage ca. 200 W;
- bei schlechtem Wärmeschutz und ungünstiger Lage ca. 250 W.

Die endgültige Ermittlung des Anschlußwertes sollte jedoch nicht nach diesen recht hoch gegriffenen Faustzahlen, sondern grundsätzlich durch eine Wärmebedarfsberechnung nach DIN 4701 erfolgen.

Tarifgestaltung

Elektrischer Strom wird überwiegend in Anlagen erzeugt, die über 24 Stunden gleichmäßig betrieben werden müssen. Der Stromverbrauch wechselt jedoch über den Tag fortlaufend. Nachdem sich Elektrizität in großen Mengen nicht speichern läßt, muß diese Energie im Augenblick des Bedarfs erzeugt werden.

Zur gleichmäßigeren Auslastung von Kraftwerken und Versorgungseinrichtungen trägt die elektrische Speicherheizung erheblich bei. Sie wird überwiegend mit Nachtstrom versorgt, der praktisch als Überhang vorhanden ist.

Für die Aufstellung von Elektro-Speichergeräten ist grundsätzlich die Genehmigung beim zuständigen Energie-Versorgungsunternehmen (EVU) einzuholen. Den Antrag an das EVU besorgt der Kachelofenbauer im Namen des Bauherrn oder Benutzers.

Die Freigabezeit für Nachtstrom bei getrennter Messung dauert meist 8 Stunden, z. B. zwischen 22.00 Uhr und 7.00 Uhr.
Für eine zusätzliche Aufladung tagsüber stehen oft zwei und mehr Stunden zur Verfügung.

Elektro-Speicherheizgeräte

Diese Geräte, mitunter auch Elektrospeicheröfen genannt, enthalten im Kern Materialien hoher Wärmespeicherfähigkeit, meist Magnesitsteine. Sie werden während der Aufladezeit stark aufgeheizt. Nach außen hin sind sie wärmegedämmt, um dann später ihre Wärme geregelt abgeben zu können. Bei Kachelwärmespeichern wird auf die Wärmedämmung außen ein Kachelmantel aufgebracht.

Elektro-Speicherheizgeräte werden grundsätzlich nach drei Bauarten unterschieden: Die bisherigen Bezeichnungen I, II und III sind inzwischen durch andere, aussagekräftigere Bezeichnungen abgelöst worden (Seite 67).

Die handelsüblichen Speicherheizgeräte können auf jedem herkömmlichen Fußbodenbelag aufgestellt werden; lediglich bei hochflorigen Textilbelägen sollte unter die gesamte Gerätefläche eine ca. 10 mm dicke Asbestzementplatte oder dgl. gelegt werden. Ein Nachweis der statischen Belastbarkeit für die jeweilige Decke ist nicht erforderlich, wenn das Gerät weniger als 300 kg wiegt. Von einem Nachweis kann auch abgesehen werden, wenn Geräte mit einem höheren Gewicht an der Außen- oder

Innenwand rechtwinklig zur Spannrichtung der Decke stehen, so wie es auf Seite 43 schematisch dargestellt ist.

Die Unterteilung nach thermischen und regeltechnischem Verhalten erfolgt in:

- Speicherheizgeräte mit statischer Entladung und nicht steuerbarer Wärmeabgabe. Wärmeabgabe durch Strahlung und Konvektion (früher Bauart I). Sie werden nur wenig verwendet, z.B. in Fluren oder Nebenräumen.
- Speicherheizgeräte mit dynamischer Entladung und steuerbarer Wärmeabgabe. Wärmeabgabe überwiegend durch erzwungene Konvektion (früher Bauart III). Diese Bauart findet heute fast ausschließlich Verwendung. Speicherheizgeräte dieser Gruppe müssen nach einer sechzehnstündigen Standdauer noch einen Wärmeinhalt besitzen, der mindestens 40 % der Nennaufladung beträgt.

Da die elektrische Speicherheizung nachts bzw. zu lastschwachen Zeiten betrieben wird, kann sie mit ihrer Leistung nicht einfach zu den übrigen Geräten hinzuaddiert werden.

Bei Geräten mit Ventilatoren darf die Ausblastemperatur in 10 cm Abstand gemessen nicht mehr als 120 K (Kelvin) betragen, der Schallpegel dieser Gebläse darf 36 dB (A) nicht überschreiten. Zum Vergleich: Der Schallpegel eines in normaler Lautstärke geführten Gesprächs liegt zwischen 40 und 60 dB (A).

Elektrische Kachel-Speicherheizgeräte

Diese Geräte können mit normalen Ofenkacheln in jeder gewünschten Größe und nach individuellen Wünschen gefertigt werden. Einige Beispiele hierzu stehen auf den Seiten 68 und 144.
Da der Kachel-Wärmespeicher nicht schornsteingebunden ist, kann er auch in anderen Bauformen, z. B. als langer, niedriger Kachel-Wärmespeicher unterhalb der Fensterbrüstung aufgebaut werden.

Zum Einbau in Kachelöfen gibt es Elektro-Kleinblockspeicher.

Eine weitere Möglichkeit der Elektroheizung wird auf Seite 77 beschrieben.

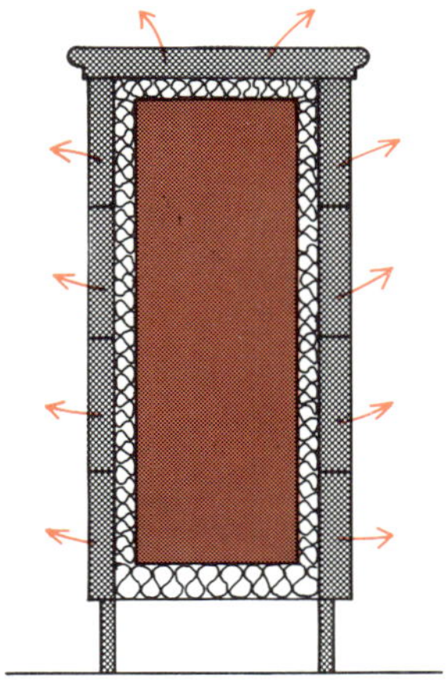

Kachel-Speicherheizgeräte mit statischer Entladung (früher: Bauart I)

Speicherheizgeräte, deren Wärmeabgabe nach beendeter Aufladung nicht mehr gesteuert werden kann. Die Wärme wird entweder ausschließlich von der Oberfläche durch Strahlung und Konvektion oder von der Oberfläche und durch zusätzliche Konvektion, für die Luftkanäle ohne Drosselorgane eingebaut sind, abgegeben. Speicherheizgeräte dieser Bauart entsprechen in ihrer Wirkungsweise etwa der des Kachelgrundofens.

Der um den Speicherkern angeordnete Dämmstoff wirkt entsprechend seiner Dikke als Wärmebremse und verhindert eine zu schnelle Ableitung der gespeicherten Wärme über die Oberfläche. Der äußere Kachelmantel kann als weitere Wärmebremse angesehen werden und sorgt vor allem für die bekannte milde Wärmeabgabe. Solche Kachelspeicher sollten nur für Dauerheizung eingesetzt werden.

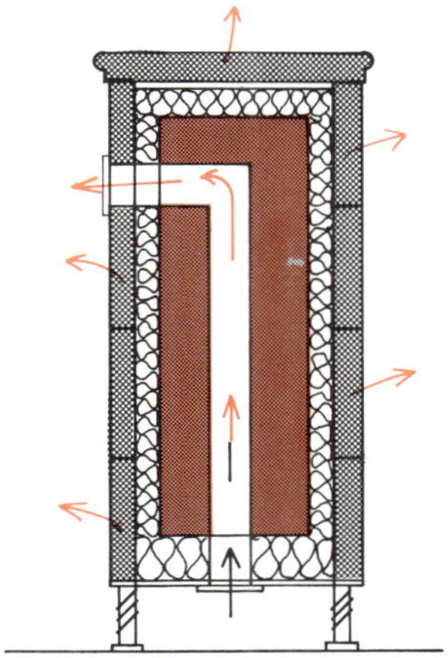

Kachel-Speicherheizgeräte mit statischer Entladung und steuerbarer Wärmeabgabe (früher: Bauart II)

Bei dieser Bauart kann die Wärmeabgabe des Gerätes nach beendeter Aufladung von Hand geregelt werden. Im Speichergerät enthalten sind Luftkanäle mit Luftklappen, die je nach Bedarf geöffnet werden. Die Raumluft tritt dann von unten in das Gerät ein, erwärmt sich und tritt seitlich oder innerhalb der Abdeckung wieder aus. Dazu erfolgt gleichzeitig, so wie bei dem vorbeschriebenen Gerät, eine Wärmeabgabe über die Geräteoberfläche.

Die Wirkungsweise dieses Geräts liegt etwa zwischen der des Kachelgrundofens und des Warmluft-Kachelofens.

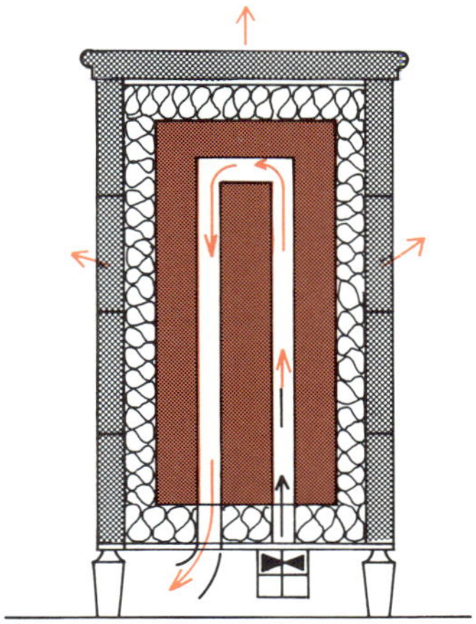

Kachel-Speicherheizung mit dynamischer Entladung und steuerbarer Wärmeabgabe (früher: Bauart III)

Diese Speicherheizung wird heute als Standardausführung angesehen, besonders soweit es die serienmäßige Fertigung betrifft.

Die Aufladung erfolgt selbständig über eine vollautomatische und witterungsabhängige Aufladesteuerung. Dabei wird die jeweilige Außentemperatur sowie die vom Vortage noch vorhandene Wärmemenge im Gerät berücksichtigt. Die sogenannte Restwärme im Gerät geht also nicht verloren, sondern wird voll ausgenutzt. Die Wärmeabgabe des Gerätes wird über einen Raumtemperaturregler gesteuert. Die dynamische Entladung der im Druckluftsystem arbeitenden Kachel-Speicherheizung erfolgt über einen oder mehrere Ventilatoren, die die Warmluft schnell in den Raum befördern. Die Wärmestrahlung über die Oberfläche und die natürliche Konvektion an der Außenseite sind verhältnismäßig gering.

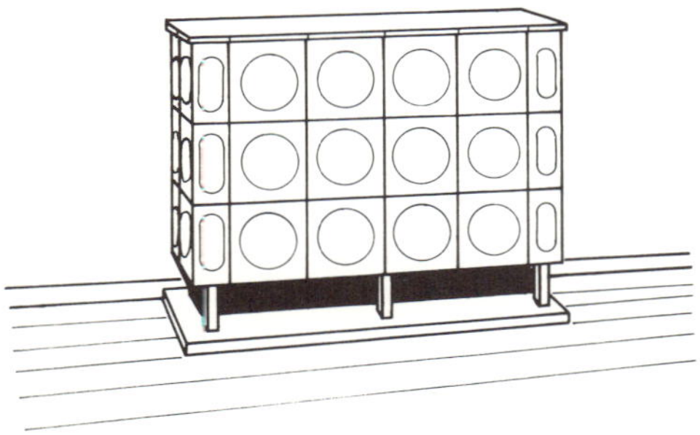

Halbhoher Kachelspeicher mit flachen Tellerkacheln

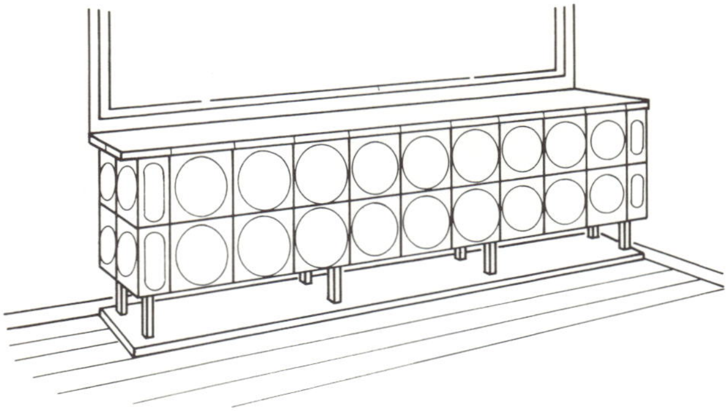

Großformatiges Kachel-Speicherheizgerät in besonders niedriger Bauhöhe, die gesamte Fensterbreite einnehmend

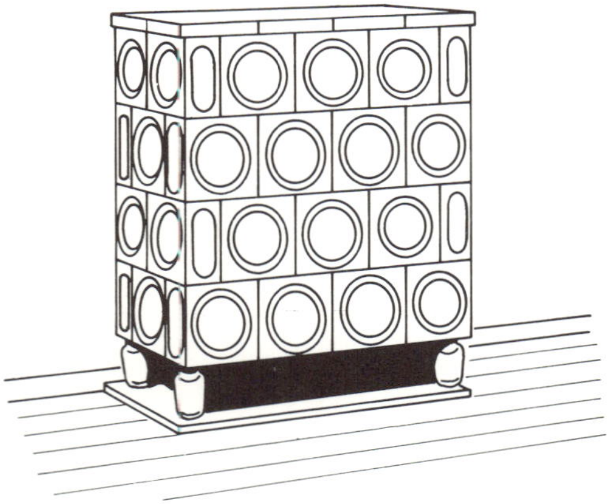

Kompaktes Kachel-Speicherheizgerät

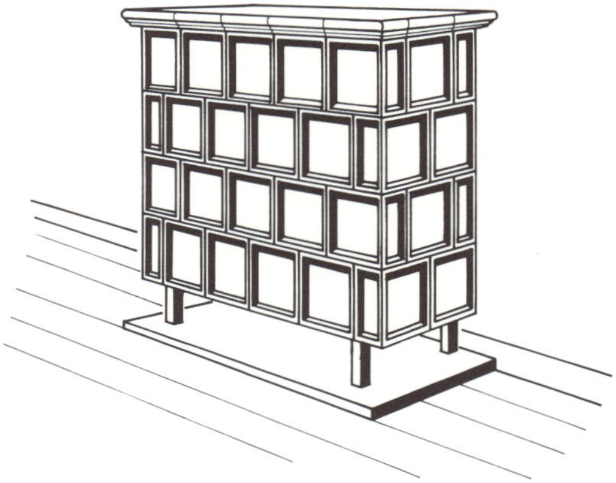

Kachel-Speicherheizgerät mit besonders ausdrucksvollen Rahmen- oder Kassettenkacheln

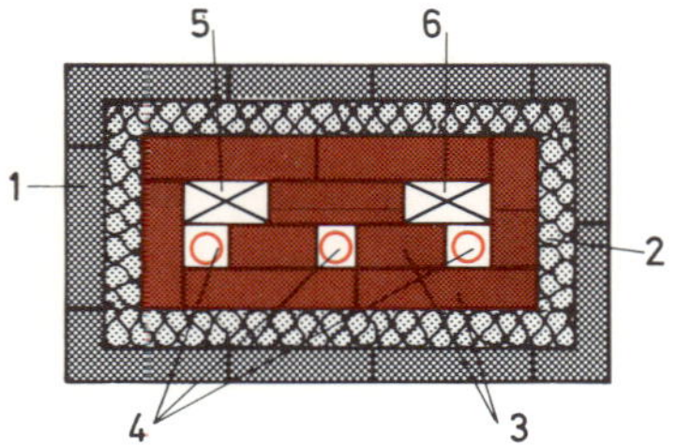

Nachtstrom-Kachel-Speicherheizgeräte

Nach den Abmessungen von Ofenkacheln gefertigt

1 Kachelmantel
2 Wärmedämmung
3 Speichersteine
4 Elektrische Heizrohre
5 Zuluft mit Ventilator
6 Warmluft-Schacht, Luftaustritt unten

Kachelwärmespeicher

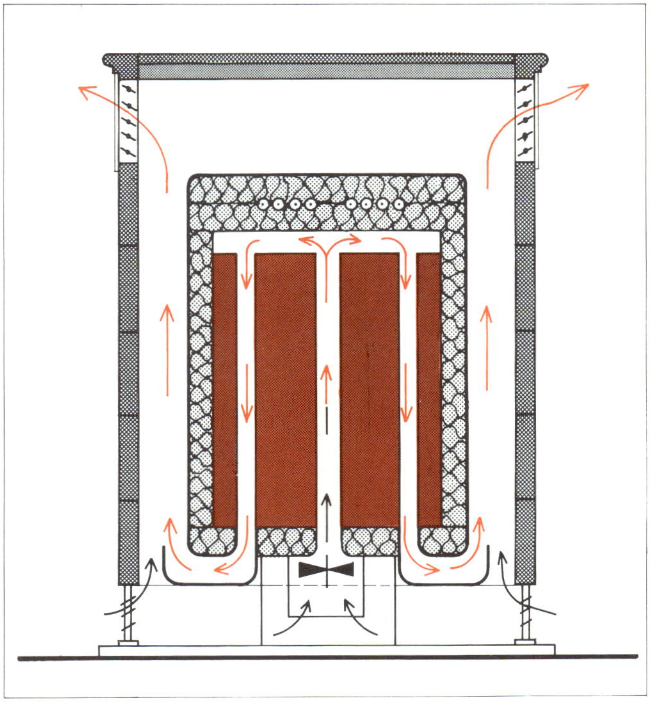

Kachelofen-Warmluftheizung mit Kleinblockspeicher

Hierfür gibt es Nachtstrom-Speicherheizgeräte, die anstelle des für andere Brennstoffe bestimmten Heizeinsatzes treten. Damit können Neuanlagen ausgestattet, aber auch Umrüstungen vorgenommen werden.

Das nachstehende als Schema-Querschnitt dargestellte Speicherheizgerät „carlo inbloc" arbeitet mit Ventilatoren, ähnlich wie die frühere Bauart III. Der Lüfter saugt von der Bedienungsseite her Luft an und befördert sie über einen Druckkanal durch den aufgeheizten Speicherkern. Die aufgeheizte Luft wird über Umlenkungen in den Raum zwischen Kachelmantel und Blockspeicher gedrückt und nimmt dabei Raumluft aus Fußbodennähe mit. Dabei wird auch diese äußere Zuluft erwärmt und strömt zusammen mit der Warmluft aus dem Heizgerät über die üblichen Auslässe in die zu beheizenden Räume.

Mit einer besonderen Ladeautomatik ist die Erfassung der Restwärme und Berücksichtigung der Außentemperatur ebenso möglich wie eine zeitliche Verschiebung der Aufladung. Die elektronische Aufladeautomatik gewährleistet einen vollautomatischen Betrieb.

Kachelofen mit Backraum (Schwarzwald-Kachelofen)

Kachelöfen, die mit Holz befeuert werden und in denen man auch Brot backen kann, sind besonders in ländlichen Gebieten anzutreffen. Sie sind als Kachel-Speicherofen zu begreifen und können als erweiterte Form des Kachelgrundofens angesehen werden (Abbildung Seite 71).

Diese Kachelöfen stehen meist in der großen Wohnstube und werden von der daneben liegenden Küche aus beheizt und bedient. Ihr kennzeichnender Teil ist der große Feuerraum, in dem Reisigwellen (Reisigbündel) und Holzscheite bis zu 1 m Länge verbrannt werden können. Die Beheizung erfolgt im Zeitbrand mit einer Aufheizzeit von mindestens zwei Stunden bei einer nachfolgenden Wärmeabgabe von etwa 12 Stunden.
Die Regulierung der Wärmeabgabe (Menge, zeitlich) ist nur über die Brennstoffbeschickung möglich.
Das Holz verbrennt in einer Abbrand- und in einer Heizphase. Die keramische Masse des Ofens nimmt die bei der Verbrennung des Holzes sich rasch entwickelnde große Wärmemenge auf und gibt sie nach beendeter Verbrennung als milde Wärmestrahlung an den Raum ab.
Der ausreichend erhitzte Feuerraum ist zugleich der Brotbackraum.
Über dem Backraum kann ein Koch- oder Wärmerohr angeordnet werden. Bei hoch gebauten Kachelöfen ist es auch möglich, das Kochrohr direkt über der Feuerung vorzusehen, eine Etage höher das Wärmerohr.
Dieser als Brotbackofen eingesetze Kachelofen erfordert einen eigenen Schornstein.

Kachelherde

Bei Kachelherden unterscheidet man zwei Grundformen:

- Kachel-Tischherd, in der bekannten, etwa 80 cm hohen Herdform;
- Kachel-Aufsatzherd, ein Tischherd mit seitlich angebautem und über die Herdfläche hinausragendem Teil.

(Abbildungen auf den Seiten 72, 73 und 142.

Beide Formen eines Kachelherdes können so eingerichtet werden, daß man außer Kochen auch noch Brauchwasser bereiten, einen Kachelofen als sogenannten Abwärmeofen mitheizen und sogar noch eine auf das Leistungsvermögen abgestimmte Warmwasser-Heizung betreiben kann.

Anstelle des Abwärmeofens kann im Nachbarraum auch eine Kachelsitzbank angeschlossen werden. Die im Herd entstehenden heißen Rauchgase werden dann durch liegende Züge der Kachelsitzbank zum Schornstein geleitet.

Für den Aufbau von Kachel-Tischherden und -Aufsatzherden gibt es spezielle Beschläge- und Einsatzgarnituren, mit denen es möglich ist, unter Verwendung von Normkacheln leistungsfähige Herde individuell zu planen.
Besonders beanspruchte Einbauteile, wie z. B. die Druckschiffe als druckfeste Warmwasser-Bereiter sind unter Beachtung der bestehenden Normen und sonstigen Vorschriften gefertigt. Die außerdem geltenden Sicherheitsregeln müssen selbstverständlich eingehalten werden, was der Kachelofenbauer weiß.

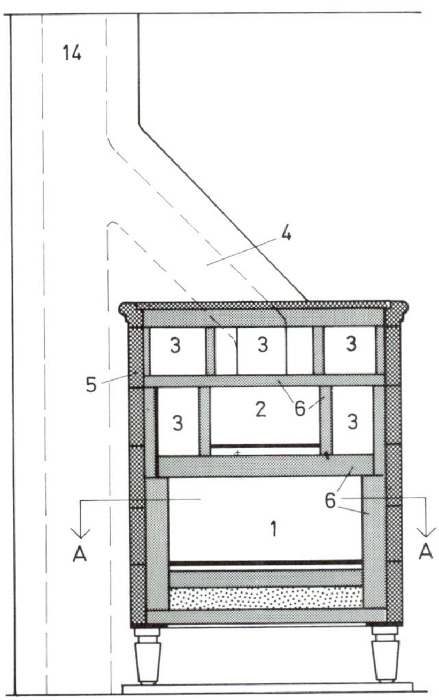

Querschnitt

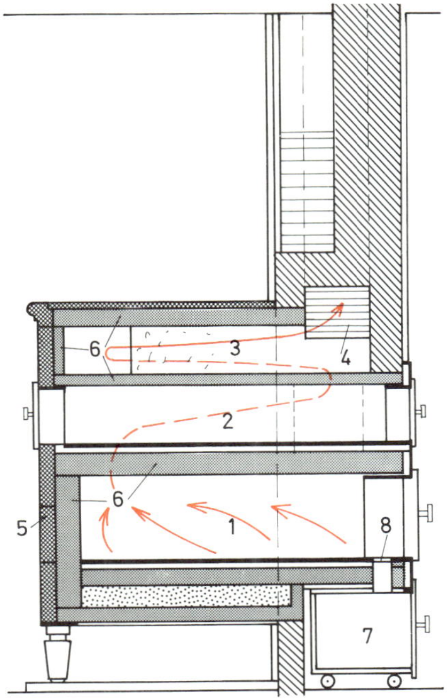

Längsschnitt

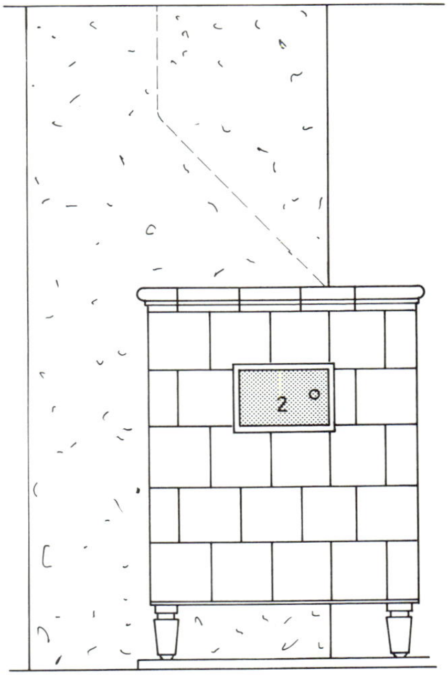

Vorderansicht

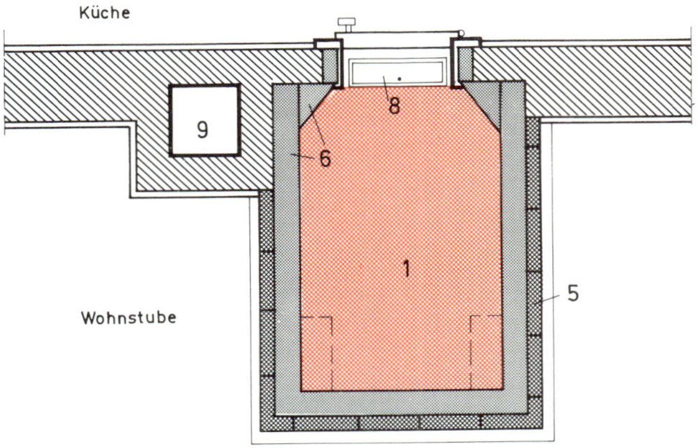

Grundriß A–A

Angebauter Kachelofen mit Backraum für Holzfeuerung

1 Feuerraum für 1 m lange Holzscheite oder Reisigwellen im Zeitbrand, zugleich Backraum
2 Durchgehendes Wärmerohr mit Türchen
3 Liegende Rauchgaszüge
4 Schornsteinanschluß
5 Kachelmantel
6 Schamotte-Platten bzw. -steine
7 Große Aschenschublade (als Variante)
8 Aschenfallklappe
9 Schornstein

Vorderansicht

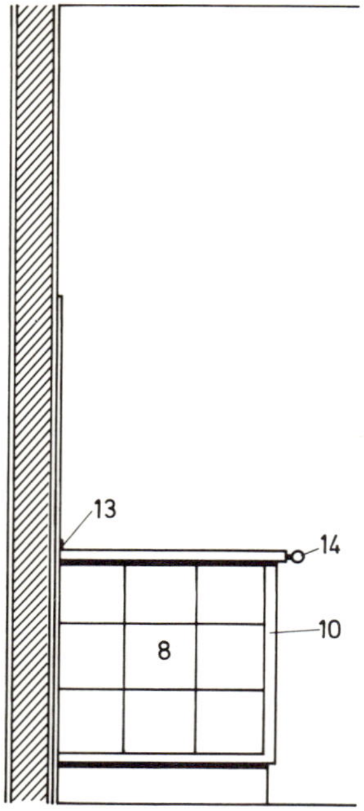

Seitenansicht

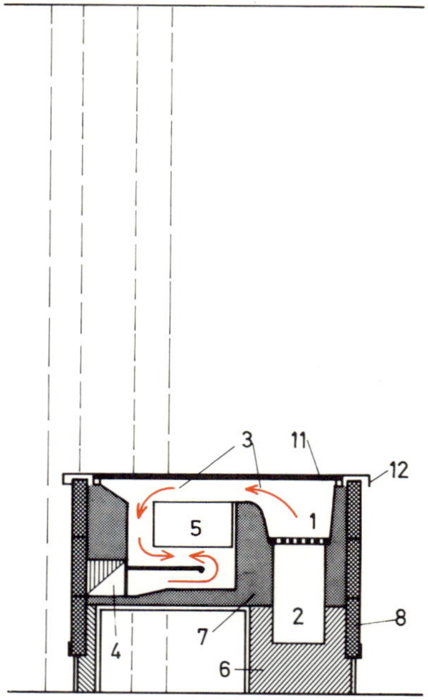

Längsschnitt

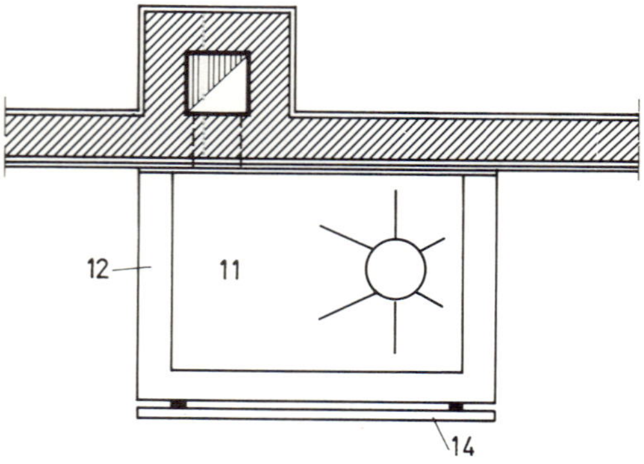

Draufsicht

Kachel-Tischherd

1 Feuerung
2 Aschenfall
3 Durch den Herd strömende Rauchgase
4 Rauchgasanschluß
5 Bratrohr
6 Mauerwerk
7 Schamotte
8 Kachelmantel
9 Heizbrust
10 Eckwinkel
11 Herdplatte
12 Herdkranz
13 Plattenwinkel
14 Schutzstange
15 Holz- und Kohlewagen, auch Holzlege
16 Schornstein, Querschnitt entsprechend der Herdgröße

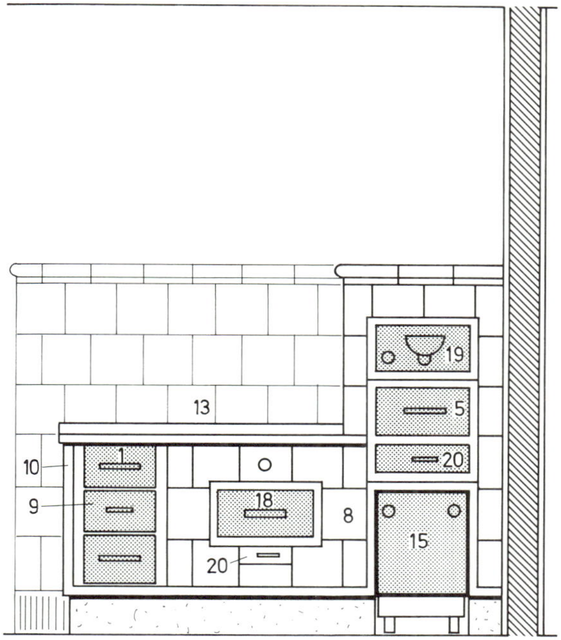

Vorderansicht

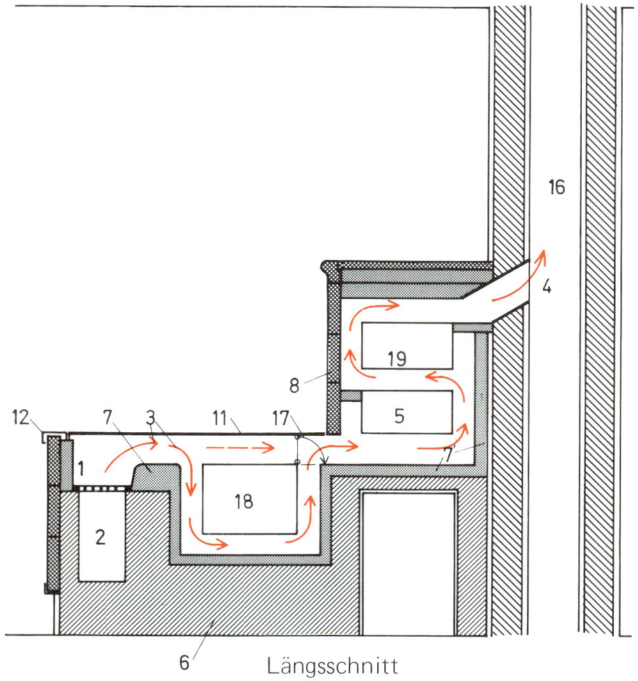

Längsschnitt

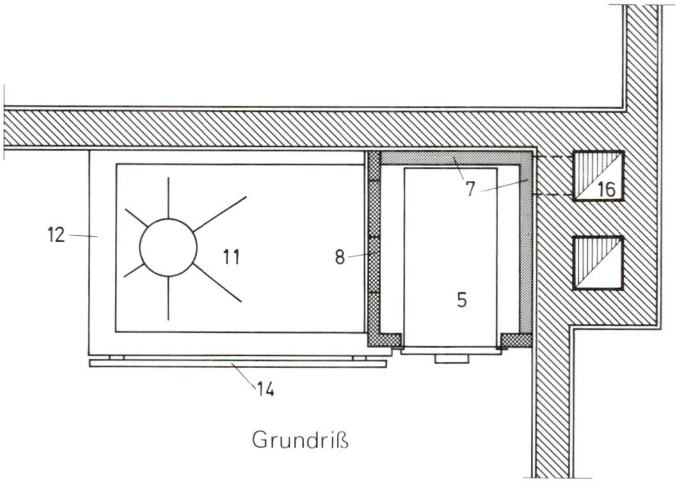

Grundriß

17 Sperrklappe

18 Druckschiff

19 Kupferschiff

20 Putzlamelle bzw. Putztür

Kachel-Aufsatzherd

Der neuzeitliche Kachel-Aufsatzherd entspricht in seiner Gestalt dem früheren, aus Kacheln gefertigten „Sesselofen", einer Kombination von Wärmeofen und Herd.

Durch den Zusammenbau zweier verschieden hoher Teile ergab sich die sesselartige Struktur, die diesem Ofen den Namen gab.

(Abb. auf Seite 140)

Transportable Kachelöfen

Die Vorzüge eines Kachelofens dürften dem Leser inzwischen bekannt sein. Es überrascht deshalb nicht, wenn der Kreis der Kachelofenliebhaber immer größer wird. Aus verschiedenen Gründen, sei es, daß es sich um eine Mietwohnung handelt oder die räumlichen Verhältnisse es nicht zulassen, muß mitunter auf einen an Ort und Stelle gesetzten Kachelofen verzichtet werden. Aus diesen und anderen Überlegungen heraus entstand vor etwa 50 Jahren der sogenannte transportable Kachelofen. In der Zwischenzeit wurden die Heiztechniken ständig verbessert, der Kachelmantel ist aber geblieben.

So ist es heute möglich, einen transportablen Kachelofen mit allen Brennstoffen zu versorgen, die auch bei den sonst üblichen transportablen Wohnungsöfen möglich sind. Gut gebaute transportable Kachelöfen vereinigen die Schönheit der Kachelfläche mit den Vorzügen neuzeitlicher Heiztechnik. Die Raumerwärmung erfolgt nach dem Anheizen zunächst durch Konvektionswärme, eine angenehme milde Strahlungswärme über die keramischen Kacheln kommt dann hinzu.

Dauerbrandöfen werden mit einer Heizleistung von 5 bis 9 kW hergestellt; sie wiegen 120 bis 270 kg. Der Dauerbrand bei Nennleistung soll vier Stunden, bei Kleinstellung etwa 16 Stunden betragen.

Bei einem speziell für den Abbrand von Holz und Braunkohlenbriketts eingerichteten Ofen (Seite 147) können Holzscheite bis zu 40 cm Länge eingelegt werden. Der Ofenkörper aus Grauguß ist mit einer Sekundärluft-Einrichtung ausgestattet und kann bis zu 16 Stunden Dauerbrand betrieben werden.

Ölöfen mit Keramikmantel gibt es für eine Nennheizleistung von 4 bis 11 kW; ihr Gewicht beträgt 40 bis 160 kg. Die Verbrennung des Öls erfolgt über Verdampfungsbrenner mit eingebauter Anzündhilfe. Zur Regelung dient ein Ölregler mit Überlaufsicherung und ein auf normalen Schornsteinzug einpendelnder Verbrennungsluftbegrenzer. Der Ölbehälter kann im Ofen enthalten sein, ebenso ist aber auch eine zentrale Ölversorgung möglich. Auf Wunsch kann eine elektrische Zündung eingebaut werden. Außerdem ist der Anschluß an einen Raumthermostat möglich.

Für die Größenbestimmung eines transportablen Kachelofens wird in DIN 18 893 ein vereinfachtes Verfahren aufgeführt. Dabei werden drei Bauweisen unterschieden:

Günstige Bauweise, Wärmeleistung:	64 W/m^3	(55 kcal/m^3 h)
weniger günstige Bauweise, Wärmeleistung:	87 W/m^3	(75 kcal/m^3 h)
ungünstige Bauweise, Wärmeleistung	116 W/m^3	(100 kcal/m^3 h)

Dementsprechend hat jeder Ofen ein bestimmtes Raumheizvermögen, z. B. bei einer Heizleistung von 5,8 kW (5 000 kcal/h)

bei günstiger Bauweise	90 m^3 = 36 m^2 Raumfläche*;
bei weniger günstiger Bauweise	67 m^3 = 27 m^2 Raumfläche*;
bei ungünstiger Bauweise	50 m^3 = 20 m^2 Raumfläche*.

* gerechnet für 2,50 m Raumhöhe

Diese Richtwerte ergeben ein wesentlich geringeres Raumheizvermögen gegenüber den in der Tabelle auf Seite 20 gemachten Angaben für zumeist ortsfeste Anlagen.

Abbildungen über transportable Kachelöfen stehen im Bilderteil auf den Seiten 146 und 147.

Kachelofen mit Warmwasserheizungsteil

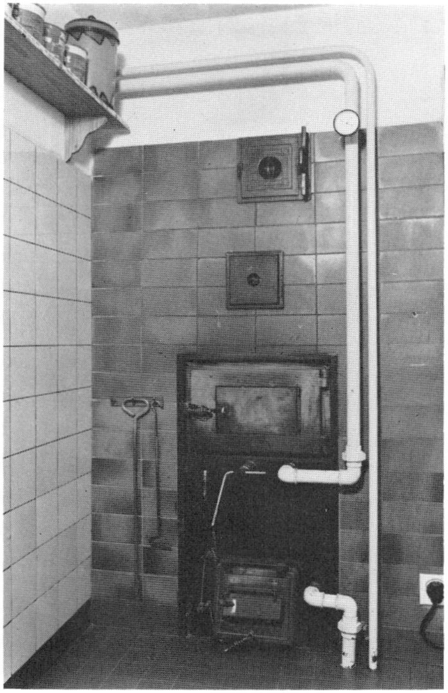

Mit der möglichen kombinierten Wirkungsweise erhält der Kachelofen eine neue Dimension. Aus seinem beschaulichen Wohnstubendasein wird er zum Wärmespender für das ganze Haus. Eine optimale Ausnutzung ergibt sich in Verbindung mit den auf Seite 24 beschriebenen neuen Heiztechniken.
Die Wärme wird dort erzeugt, wo sie weitestgehend nutzbar ist (Kachelofenwirkung). Der Wärmeerzeuger steht an zentraler Stelle mit geringen Entfernungen zu den übrigen beheizbaren Räumen (Warmwasserteil). Die Verluste bei der Verteilung der Heizwärme sind dann unbedeutend. Für das normalgroße Einfamilienhaus mit einer guten Wärmedämmung reichen Wärmeerzeuger um 12 kW (10 300 kcal/h).

Zur Verringerung der Stillstandsverluste besitzen die Warmwasserheizungsteile einen geringen Wasserinhalt. Sie können auch mit anderen Anlagen für die Warmwasserheizung oder Brauchwasserbereitung parallel geschaltet werden.

Zum Einbau in dafür eingerichtete Kachelgrundöfen gibt es spezielle Stahlröhrenkessel (System Hablützel), die als Allesbrenner für eine Beheizung mit Brechkoks, Kohle und Holz eingerichtet sind. Der Einbau eines Koch- und Backrohres über der Feuerung ist möglich (oberes Bild). Die Nennheizleistung beträgt bei Koksfeuerung 12 bis 25 kW, bei Holzfeuerung 6 bis 12 kW.

Kachelöfen mit Warmwasserheizungsteil für Holzfeuerung sind besonders wirtschaftlich, wenn ausreichend Brennholz jeder Art verfügbar ist.

Der Joka-Heizeinsatz für Holzbrand besteht aus einzelnen gußeisernen Ringen, die übereinandergesetzt verschraubt werden. Diese Ringe können auch als Wassermantel ausgeführt werden (unteres Bild).

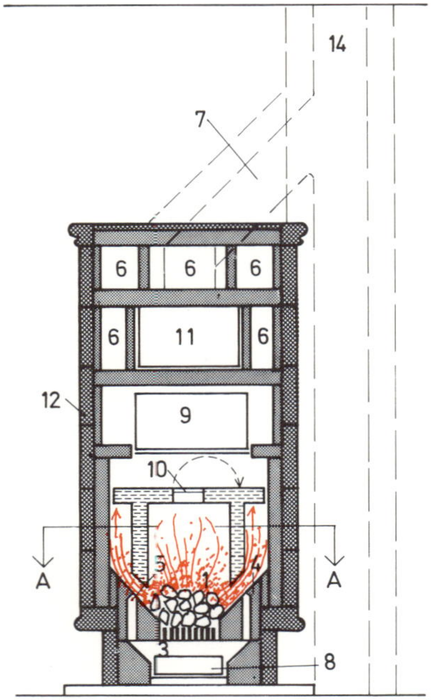

Querschnitt

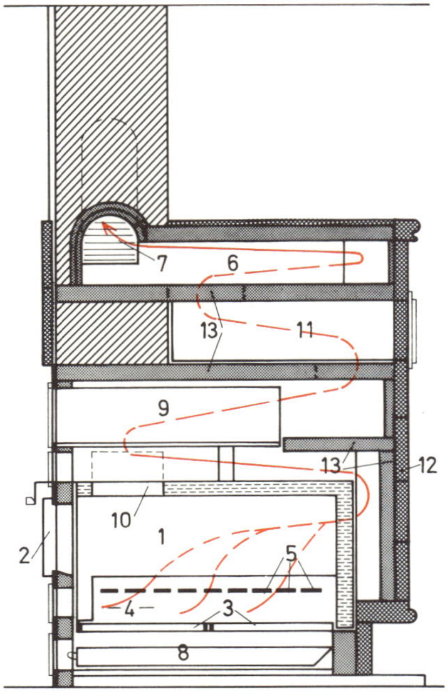

Längsschnitt

Vorderansicht

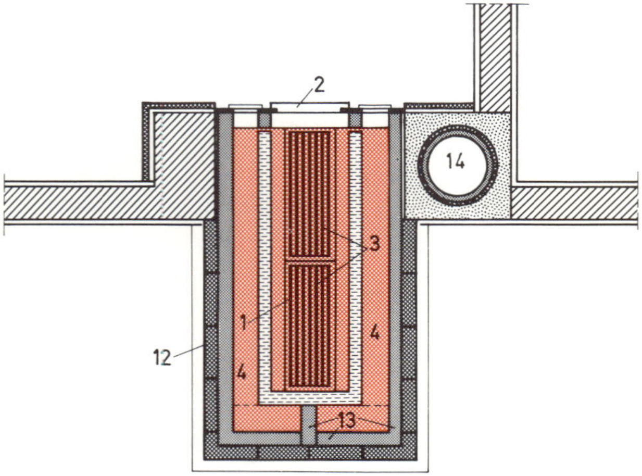

Grundriß A–A

Kachelofen mit eingebautem Wasserteil für Holzfeuerung im Dauerbrand (Schweiz)

1 Feuerraum für 1 m lange Holzscheite
2 Fülltür
3 Schmaler, langer Rost
4 Seitliche Abschrägungen
5 Schlitze für die Sekundärluft
6 Rauchgaszüge
7 Schornsteinanschluß
8 Aschelade
9 Koch- und Backrohr
10 Öffnung mit Klappe für den Flammendurchtritt
11 Wärmerohr
12 Kachelmantel
13 Schamotte-Platten
14 Schornstein, z. B. aus Formstücken mit Schamotte – Innenrohr und Wärmedämmung

Direktbeheizung von Kachelflächen

Kachelöfen und sonstige Kachelflächen können auch über eine vorhandene Warmwasser-Zentralheizung oder durch Anschluß an das elektrische Netz beheizt, zumindest aber gut temperiert werden.

Wenn nur die glasierte Kacheloberfläche erwärmt werden soll, wird hinter der Kachelwand mit der eingebauten Warmwasser-Heizschlange oder Elektro-Heizmatte eine Wärmedämmschicht angebracht.

Bei Warmluft-Kachelöfen oder der Kachelofen-Warmluftheizung kann diese Dämmschicht entfallen, wenn die gegen die Heizkammer abgestrahlte Wärme in Form von Warmluft dem Raum ohnehin zugeführt wird.

Mögliche Anwendungsbereiche:

- Kachelöfen als Zweit- oder Zusatzheizung
- Kachelöfen, die nicht normal beheizt werden können, weil z. B. kein Schornstein vorhanden ist
- Kachelöfen, die vor allem als dekorative Einrichtung vorgesehen sind
- keramische Sitzbänke am Kachelofen, am offenen Kamin oder seperat stehend
- Kachelflächen aller Art, wie z. B. Wandverkleidungen (Abbildungen auf den Seiten 80 und 81)

Kachelflächen, die keine Wärme abgeben, sind eine „kalte Pracht". Nur eine warme Kachelfläche verbreitet eine behagliche Atmosphäre, nur beim Anlehnen an eine warme Kachelfläche fühlt man sich wohl.
Wer die wohltuende Wirkung der warmen „Sitzkunst" (Kachelsitzbank) kennt, z. B. aus einem Winterurlaub im Schwarzwald, wird sie nicht missen wollen. Vor allem in Übergangszeiten, wenn der Einsatz der normalen Heizung sich noch nicht lohnt, können beheizte Kachelflächen für die notwendige Temperierung der Räume sorgen.

Direkt beheizte Kachelflächen sind anders als serienmäßige Heizkörper nicht an starre Maße gebunden. Die Fläche kann entsprechend der Raumgestaltung und der erwünschten Wärmeabgabe eingeplant werden.

Warmwasser-Heizschlange oder -Heizplatte

Diese Beheizungsart kann überall dort eingesetzt werden, wo eine Warmwasser-Heizung vorhanden ist. Der Heizkessel muß mit einer Kesselkreisregelung ausgerüstet sein, damit die volle gleichmäßige Kesseltemperatur zur Verfügung steht.
Die Heizschlange oder -Platte für die Kachelflächen-Beheizung ist an einen separaten Heizkreis anzuschließen. Der direkte Anschluß des Warmwasser-Rohregisters an den Heizkessel erlaubt eine Inbetriebnahme der Kachelfläche, ohne daß die eigentliche Zentralheizung eingeschaltet werden muß. Reicht die Schwerkraft-Zirkulation nicht aus, so ist in diesen Heizkreis eine leistungsschwache Umwälzpumpe einzubauen. Bei einer mittleren Heizwasser-Temperatur von 60 bis 80 °C beträgt die mittlere Temperatur der Kacheloberfläche 35 bis 40 °C.

Warmwasser-Heizschlangen haben den Vorteil, daß sie der zu beheizenden Kachelfläche ziemlich genau angepaßt werden können. Für die nach Maß zu fertigenden Warmwasser-Heizschlangen bzw. -register wird blankes Kupferrohr oder auch Stahlrohr verwendet.

Warmwasser-Heizplatten gibt es in zahlreichen Standardgrößen; sie sind aber nur bei geraden Kachelflächen einsetzbar und beheizen auch nur die Fläche, die von der Heizplatte ausgefüllt wird.

Die Temperaturregelung ist wie bei den normalen Radiatoren über ein Heizkörper-Regulierventil möglich. Die Kachelheizflächen können aber auch mit einer thermostatischen Regelung ausgestattet werden und sind dann praktisch bedienungsfrei.

Gelegentlich werden auch normale Heizkörper der Warmwasser-Zentralheizung mit kachelähnlichen Platten oder dgl. verkleidet. Hier handelt es sich um bloße Dekoration; mit der Funktion von Kachelöfen hat dergleichen nichts zu tun.

Elektro-Spezialheizmatten

Diese Heizmatten können rechteckig, aber auch der Form der zu beheizenden Kachelfläche angepaßt, gefertigt werden.

Die Flächenleistungen betragen normalerweise 300 W/m² und 500 W/m². Wenn die Wärmeabgabe ausschließlich über die glasierte Kacheloberfläche erfolgt, können Abgabetemperaturen von etwa 40 °C erreicht werden. Zum Vergleich: Fußbodenheizungen, die ebenfalls Flächenheizungen sind, haben eine Abgabetemperatur von 25 bis 28 °C.

Elektro-Heizkabel

Zwecks zusätzlicher Beheizung des Kachelmantels können auch spezielle Elektro-Heizkabel während des Aufbaus zwischen die Rümpfe der Ofenkacheln eingelegt werden. Bei sachgemäßer Verarbeitung ist die im Innern des Kachelofens erzeugte Hitze nicht schädlich. Diese Arbeiten müssen mit sehr großer Sorgfalt ausgeführt werden, eine spezielle Tätigkeit für den geprüften Kachelofenbauer.
Die Anpassung der Wärmeleistung kann über einen Raumthermostaten und die Festlegung der gewünschten Heizzeiten über eine Schaltuhr erfolgen.
Es ist auch möglich, den Kachelofen mit festen Brennstoffen zu betreiben und gleichzeitig die Tagstromheizung einzuschalten. Damit kann die bis zu 2 Stunden dauernde Aufheizzeit überbrückt werden; bei extremer Kälte lassen sich höchste Heizleistungen erzielen.

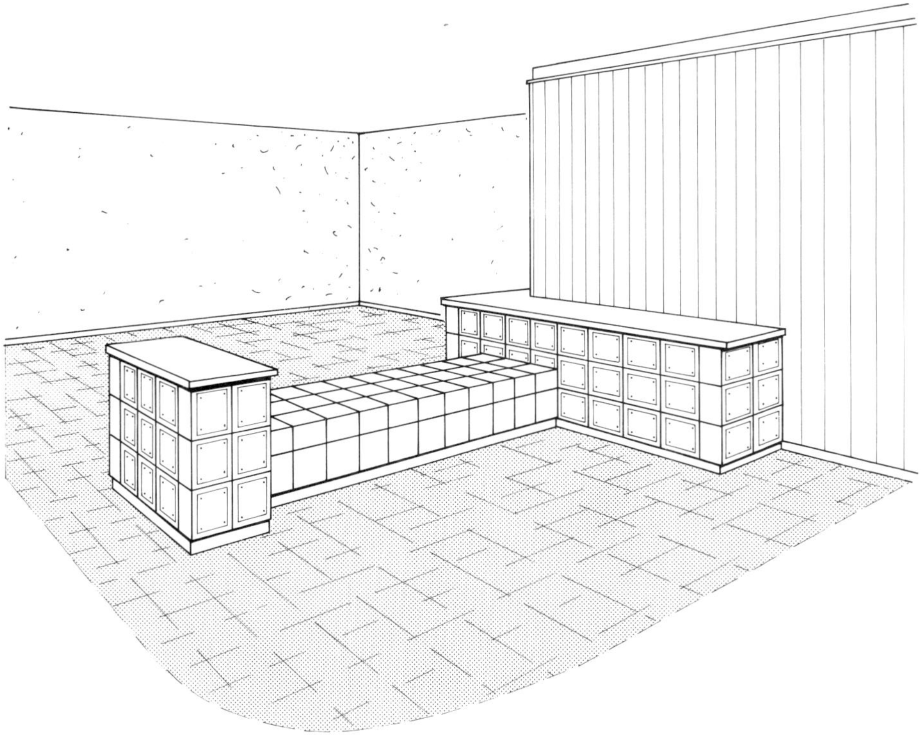

Elektro-Kachelspeicher mit direkt beheizter Kachelsitzbank

Eine moderne – nicht modische – Lösung für den Einsatz der überlieferten und bewährten Ofenkachel. Der große und in seinem Grundriß gegliederte Raum wird durch die breite Kachelbank optisch angenehm aufgeteilt.

Anstelle der Nachtstrom-Speicherheizgeräte können die beiden Kachelblöcke über eine vorhandene Warmwasser-Zentralheizung erwärmt werden.

Ebenso ist es möglich, die Kachel-Sitzbank elektrisch mit Tagstrom zu beheizen oder ebenfalls an die Warmwasserheizung anzuschließen.

Bei beiden Energiearten wird kein Schornstein gebraucht.

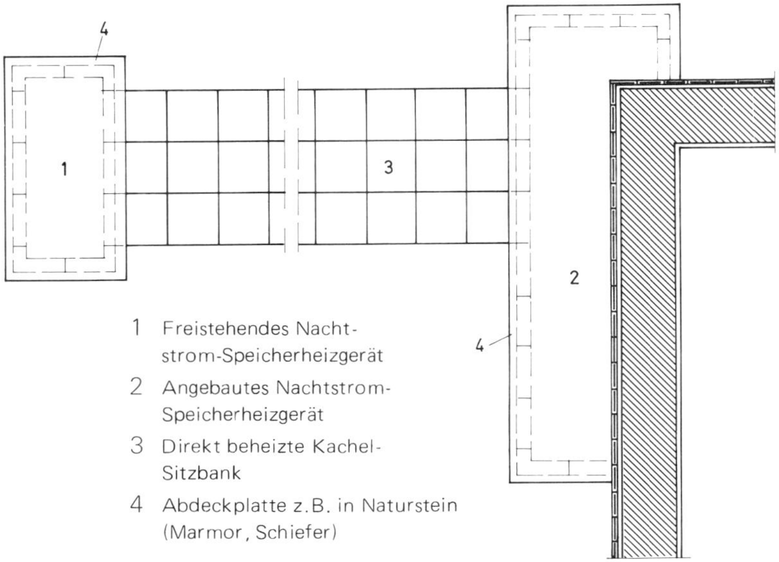

1 Freistehendes Nachtstrom-Speicherheizgerät
2 Angebautes Nachtstrom-Speicherheizgerät
3 Direkt beheizte Kachel-Sitzbank
4 Abdeckplatte z. B. in Naturstein (Marmor, Schiefer)

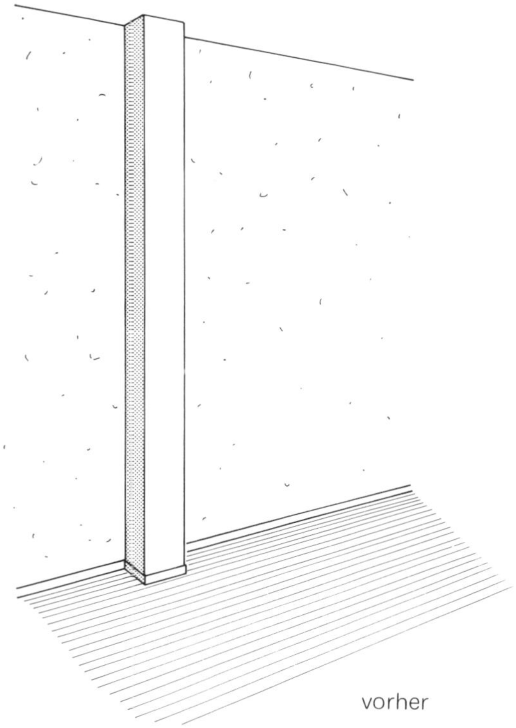

vorher

nachher

Direkt beheizte Kachelwand, z.B. zur Verkleidung einer vorstehenden Stütze

Der optisch unter Umständen störende, aus statischen Gründen jedoch notwendige Pfeiler läßt sich hinter einer Kachelwand verstecken. Wird die Kachelfläche noch mit Heizregistern (Strom oder Warmwasser) ausgestattet, dann erhält der Raum ein neues Schmuckelement, das im Bedarfsfalle auch noch Wärme spendet.

Zur optischen Unterteilung der hochstrebenden Kachelwand kann eine Reihe Bild- oder Ornament-Kacheln eingefügt werden, so wie im rechten oberen Bild dargestellt.

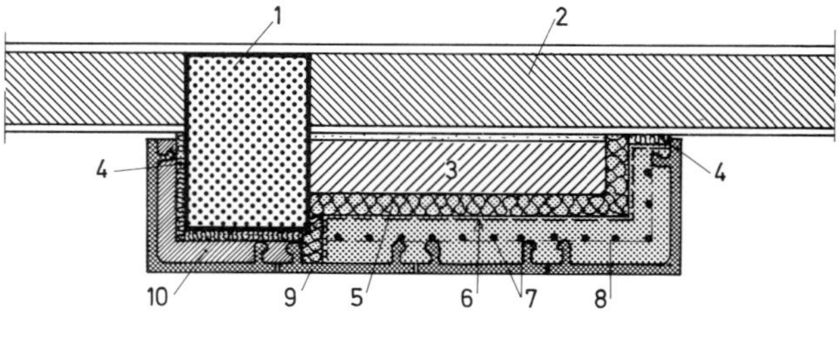

1 Stahlbetonstütze
2 Verputzte Zwischenwand
3 Abmauerung
4 Bewegungsfuge, z.B. 10 mm Mineralfaserplatte
5 Wärmedämmung 30 bis 50 mm dick
6 Alu-Folie
7 Heizmatte
8 Heizbeton
9 Kachelmantel
10 Mit Mörtel hinterfüllt

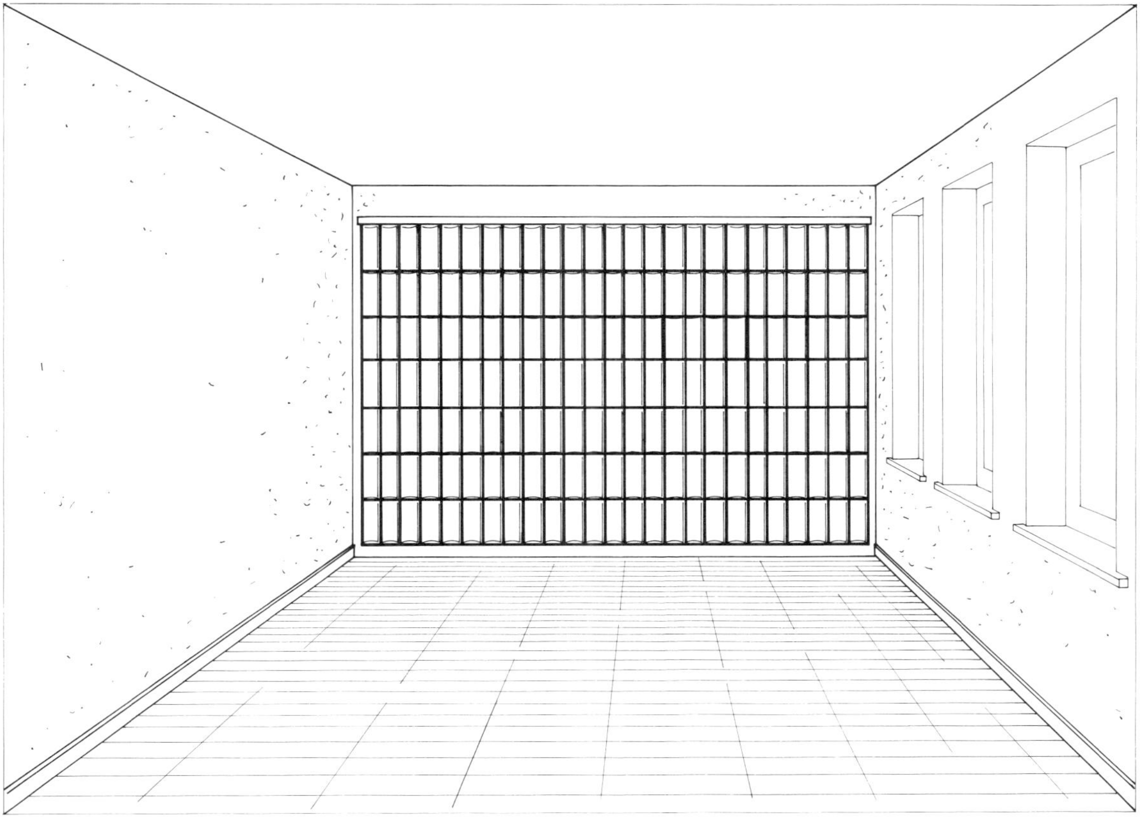

Mit Warmwasser beheizte Kachelwand, z.B. als Querwand eines langen, schmalen Raumes

Auch eine größere Kachelfläche kann repräsentativ wirken. In dunkler Farbe verkürzt sie den schmalen langen Raum und kann darüber hinaus angenehm milde Wärme spenden.

Vorgesehen sind Zylinder- oder Nischenkacheln, wohl die prägnanteste bis heute erhaltene Schöpfung der Gotik im Bereich des Kachelofenbaues.

Die besonders kräftige und ausdrucksvolle Profilierung ist sehr gut im Farbbild auf Seite 139 zu erkennen.

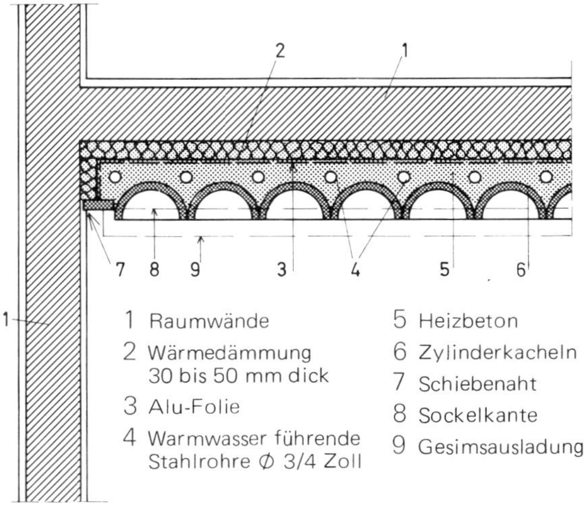

Betreiben von Kachelöfen

Diese Abhandlung bezieht sich bewußt nur auf feste Brennstoffe. Für Heizöl und Gas gelten andere Regeln, auf die hier nicht eingegangen werden soll.

Der Umgang mit festen Brennstoffen ist vielen von uns fremd geworden. Nicht nur die Jugend, sondern auch die sog. mittlere Generation kennt kaum noch Einzelfeuerungen. Man lebt seit vielen Jahren in Gebäuden mit Zentralheizungen, gekocht wird mit Gas oder Strom.

Trockenheizen

Bevor die volle Beheizung einsetzt, müssen Kachelgrundöfen trocken geheizt und Kachelofen-Heizeinsätze angeheizt werden.
Beim Trockenheizen des Kachelgrundofens sollte man sich 1 bis 2 Wochen Zeit lassen. Das zum Aufbau des Ofens benötigte Wasser (Schamottemörtel, Lehmfugen) soll auf dem Wege der Verdunstung langsam ausgetrieben werden. Bei einem zu starken Anfangsfeuer mit hohen Temperaturen kann sich sonst Wasserdampf bilden. Dieser bläht den Lehmmörtel auf und treibt die Kachelwand sowie den inneren Ausbau aus Schamotte-Material auseinander. Das Trockenheizen des Kachelgrundofens ist unmittelbar nach seinem Bau, also auch in den Sommermonaten erforderlich.

Das Anheizen eines KachelofenHeizeinsatzes ist – so wie eigentlich bei jedem Heizgerät üblich – mit schwachem Feuer zu betreiben.

Außer der täglichen Reinigung müssen nach Beendigung der Heizperiode die dem Kachelofen-Heizeinsatz nachgeschalteten Züge gesäubert werden. Diese Arbeiten sollten einem Fachmann übertragen werden, der dabei evtl. notwendige Reparaturen vornimmt.

Das Verfeuern von Holz

Um eine wirtschaftliche Verbrennung von Holz durchführen zu können, sind darauf abgestimmte Feuerungskonstruktionen erforderlich. Wie bereits an anderer Stelle erwähnt, ist es nicht damit getan, kleingehacktes Holz in einen x-beliebigen Feuerraum zu geben.
Vor allem sollte nur trockenes Holz verwendet werden. Es empfiehlt sich frisch geschlagenes Holz etwa 2 Jahre abgedeckt oder unter Dach im Freien zu lagern. In der Nähe der Feuerstätte sollte ein Kleinlager mit einem Vorrat für etwa 2 Wochen eingerichtet sein, der gut zu durchlüften ist.

Holzbrandkachelöfen

Der ausgesprochene Holzbrandkachelofen mit geschlossener Feuerplatte, also ohne Rost, ist kein Dauerbrandheizgerät. Er ist wie alle Kachelgrundöfen ein **Speicher**kachelofen, in dem die zur Deckung des Wärmebedarfs notwendige Holzmenge kurzzeitig und bei voller Flamme abgebrannt werden muß.
Während des Trockenheizens ist die Heiztür stets etwas offen zu halten, auch nach dem Heizvorgang, damit der Kachelofen durchlüftet wird.

Das Anheizen des Holzbrandkachelofens für den normalen Betrieb erfolgt mit etwas zerknülltem Papier, darauf werden weiche Holzspäne (aber keine Sägespäne) und darüber einige nicht allzu dicke Holzscheite gelegt. Das Papier wird angezündet, die Heiztür bleibt nur angelehnt. Sobald sich genügend Glut gebildet hat, sind Holzscheite für den eigentlichen Abbrand aufzulegen und solange abbrennen zu lassen, bis sie gut durchgeglüht sind und nur noch kleine blaue Flämmchen zeigen. Dann ist die Heiztür fest zu verschließen und bis zum nächsten Fortheizen geschlossen zu halten. Beim Fortheizen ist die Heiztür zu öffnen und die Holzkohlereste ausglühen zu lassen. Dann wieder Holzscheite nach Bedarf für den nächsten Abbrand auflegen.

Die sich bildende Asche darf niemals ganz entfernt werden – auch im Sommer nicht. Ein genügender Aschevorrat ist für eine gute Gluthaltung notwendig.

Heizeinsätze für Holzbrand

Der große Feuerraum mit entsprechend großer Fülltüre erlaubt das Verheizen von Holzscheiten bis zu etwa 50 cm Länge. Außerdem ist die Verbrennung von Reisigwellen (gebündeltes Ast- oder Rebholz), grob gesprengtes Wurzelholz sowie von Sägewerks- und Tischlerabfällen möglich. Die für den jeweiligen Heizeinsatz einzuhaltenden Regeln sind aus der mitgelieferten Bedienungsanleitung zu entnehmen.

Holzfeuerungen für Dauerbrand

Spezielle Holzkessel, Kachelgrundöfen oder Heizeinsätze können auch im Dauerbrand betrieben werden. Sie arbeiten alle nach dem Prinzip des unteren Abbrands und haben eine entsprechend große Brennstoffvorratskammer. Das Brennmaterial fällt entsprechend der eingestellten Leistung langsam nach unten und verbrennt gleichmäßig durch Zuführung von Sekundärluft. Eine ungenügende Luftzufuhr führt zu unvollkommener Verbrennung und zu geringer Rauchgastemperatur. Verrußungen und Versottungen im Ofen können die Folge sein.

Die Sekundärluft sollte entsprechend vorgewärmt sein; sie wird deshalb dem Ascheraum entnommen und über düsenförmige Kanäle in den Feuerraum geführt.
Beim Holzbrand-Dauerbrand rechnet man im allgemeinen mit einer dreimaligen Beschickung am Tag.

Verfeuerung von Kohle oder dergleichen

Der Kachelgrundofen für Koksfeuerung besitzt einen Füllschacht mit einem dreiteiligen Feuergeschränk und einem Schüttelrost und kann wie ein Koksdauerbrandofen betrieben werden. Kohlengrus oder Abfälle wie z.B. Papier, Textilien, Gummi, Tannennadeln und ähnliches gehören jedoch nicht in den Kachelofen.

Ein Warmluft-Kachelofen mit einem Heizeinsatz für feste Brennstoffe soll im Dauerbrand betrieben werden. Damit läßt sich vor allem eine zeitsparende Bedienung erreichen. Solche Kachelöfen werden im Herbst angeheizt und brennen dann den ganzen Winter hindurch.

Für die Betreibung sind folgende Regeln zu beachten

- zum Anzünden zerknülltes Papier, trockenes Kleinholz oder größere Späne einlegen, anzünden und die Heiztür schließen.
- Sobald das Anzündmaterial in voller Flamme steht, einige Holzscheite, etwas Koks, Anthrazit, Braunkohle oder Eiformbriketts auflegen.
- Nach 12 bis 15 Minuten bildet sich eine Grundglut. Jetzt kann weiterer Brennstoff bis zur halben Höhe des Füllraums eingeschüttet werden.
- Sobald diese Füllmenge durchgeglüht ist, nachfüllen mit festem Brennstoff bis Unterkante Fülltüre.
- Danach den Regulierschieber auf die je nach Jahreszeit gewünschte Wärmeleistung einstellen.
- Vor dem nächsten Auflegen ist die Asche durch gründliches Abrütteln des Drehrostes zu entfernen, der Aschekasten ist zu entleeren.
- Erneut Brennstoff auffüllen, der normalerweise für eine Heizzeit von 10 bis 12 Stunden ausreicht.

Für einen Notfeuerungsbetrieb können außer den genannten festen Brennstoffen auch Holz und Holzabfälle verbrannt werden. Sägespäne, Sägemehl und Kohlenstaub dürfen jedoch nicht verfeuert werden. Sofern der Kachelofenheizeinsatz einen Leistungsregler besitzt, ist beim Betrieb die entsprechende Betriebsanleitung zu beachten.

Kachelofen-Schürgerät aus schwarzgebranntem Stahl

Kachelofen-Schürgerät aus Messing

Kachelofen und offener Kamin

Eine Kombination von Kachelofen und offenem Kamin kann zweckmäßig sein, wenn beide Heizarten gewünscht werden.
Die Errichtung kann als bauliche Einheit erfolgen, weil beide Arten von Feuerstätten in den Zuständigkeitsbereich des Kachelofenbauers fallen. Abbildungen auf den Seiten 139 bis 141.

Die beiden Heizarten unterscheiden sich nach ihrer Wirkungsweise:

- Beim **offenen Kamin** ist es das sichtbare Feuer, das Holz das vor unseren Augen mit verhaltener Flamme abbrennt.
- Beim **Kachelofen** spielt dagegen nicht das offene Feuer eine Rolle, sondern der Wirkungsgrad der milden Wärme.

Bei normalgroßen Räumen sollte die Bedienungsseite des Kachelofens möglichst in einem anderen Raum liegen als der offene Kamin. Damit soll ein ungestörter Betrieb beider Feuerstätten gleichzeitig sichergestellt werden. Läßt sich diese Trennung nicht verwirklichen, so muß gegebenenfalls der enorme Luftbedarf des offenen Kamins über eine besondere Zuluftleitung gedeckt werden.

Der offene Kamin braucht auch bei dieser Kombination seinen eigenen Schornstein, gemauert mindestens 20 X 20 cm. Der Kachelofen kann dagegen an einen Schornstein angeschlossen werden, der bereits durch andere Feuerstätten belastet ist. Im Zweifelsfalle sollte man immer den Schornsteinfegermeister fragen.

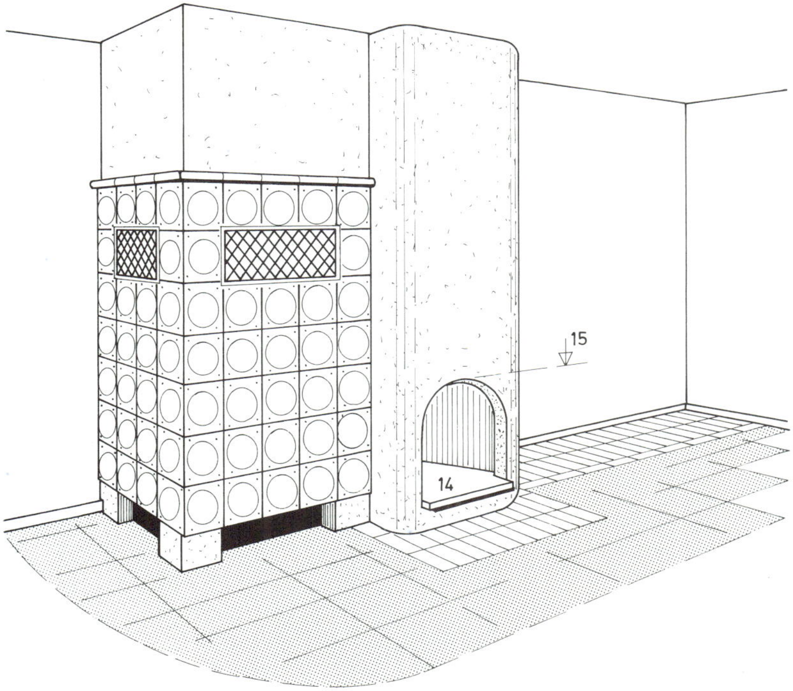

Warmluft-Kachelofen mit angebautem offenen Kamin auf engstem Raum

Der von der Diele aus zu beheizende Warmluft-Kachelofen ist auf engstem Raum mit einem offenen Kamin kombiniert.

Der Kamin besitzt eine besonders wirkungsvolle einseitige Strahlungsfläche, d.h. die Feuerstelle ist auf drei Seiten umschlossen. Über dem Rauchsims (15) liegt die Rauchkammer, in der der Kamin-Querschnitt auf den Querschnitt des Rauchgasrohres (5) bzw. Schornsteins reduziert wird.

Die halbkreisförmige Strahlungsöffnung wirkt wie aus der verputzten Wand herausgeschnitten.

Bei diesem einfachen Rahmen kommt das Feuer besonders gut zur Geltung.

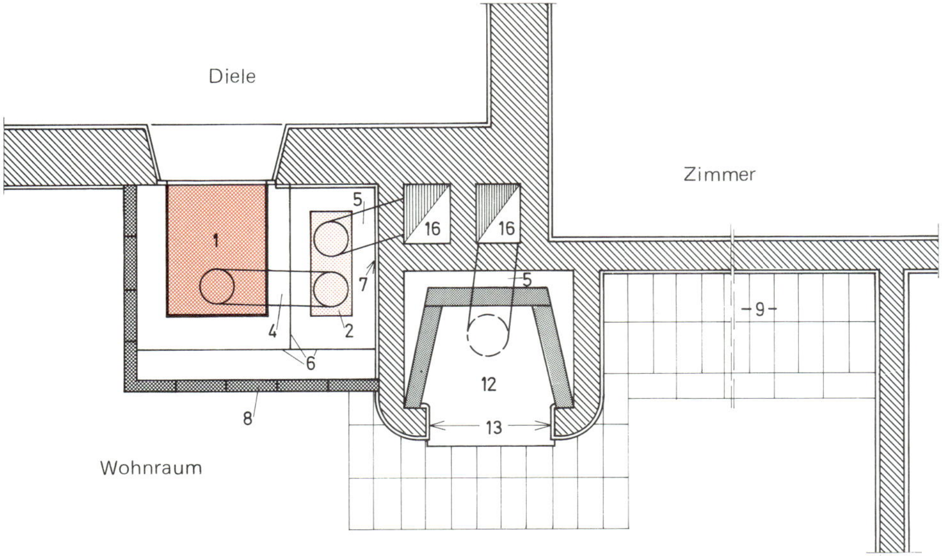

1 Heizeinsatz für Holz, feste Brennstoffe oder Heizöl
2 Heizkasten
3 Keramische Nachheizzüge
4 Doppelbogen
5 Rauchgasrohre
6 Strahlungsbleche
7 Reflexionsschicht
8 Kachelmantel
9 Holzlege
10 Kachelflächen ggf. mit Direktbeheizung
11 Kachel-Sitzbank

1 Schornsteingruppe mit Wärmedämmung, zugleich aussteifendes Element
2 Schamotte-Innenrohr 20/20 cm
3 Schamotte-Innenrohr 14/20 cm
4 Asbestzementrohre 10/18 cm
5 Reinigungstüren
6 Raumentlüftung
7 Rauchgasrohre
8 Heizeinsatz für Holz, feste Brennstoffe oder Heizöl
9 Heizkasten
10 Doppelbogen
11 Strahlungsbleche
12 Reflexionsschicht
13 Kachelmantel
14 Kachelflächen ggf. mit Direktbeheizung
15 Heizkammerdecke
16 Warmluftgitter
17 Holzlege
18 Offener Kamin
19 Zuluftkanal
20 Zuluft-Eintritt
21 z.B. Fensterwand

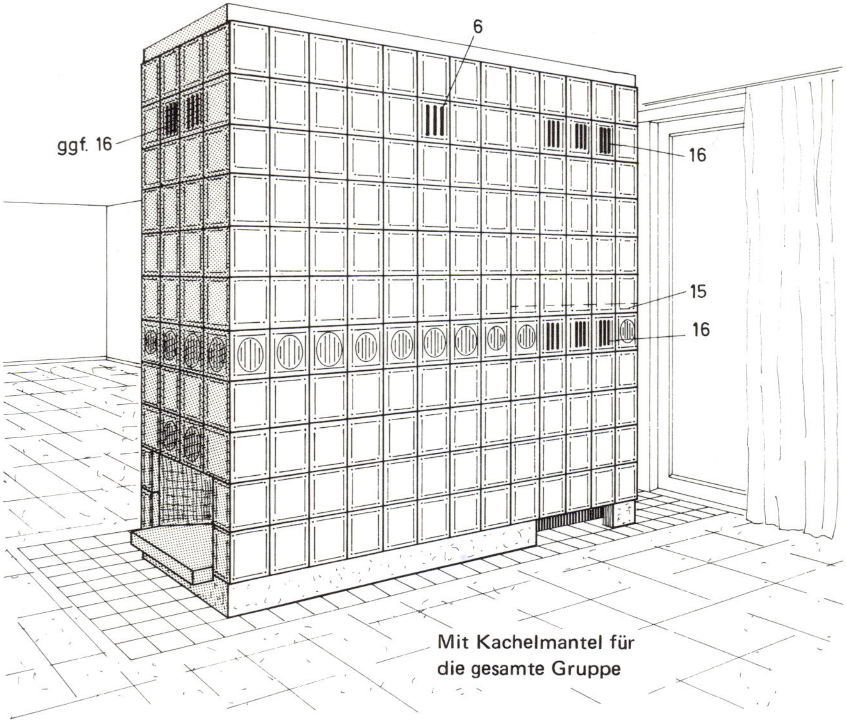

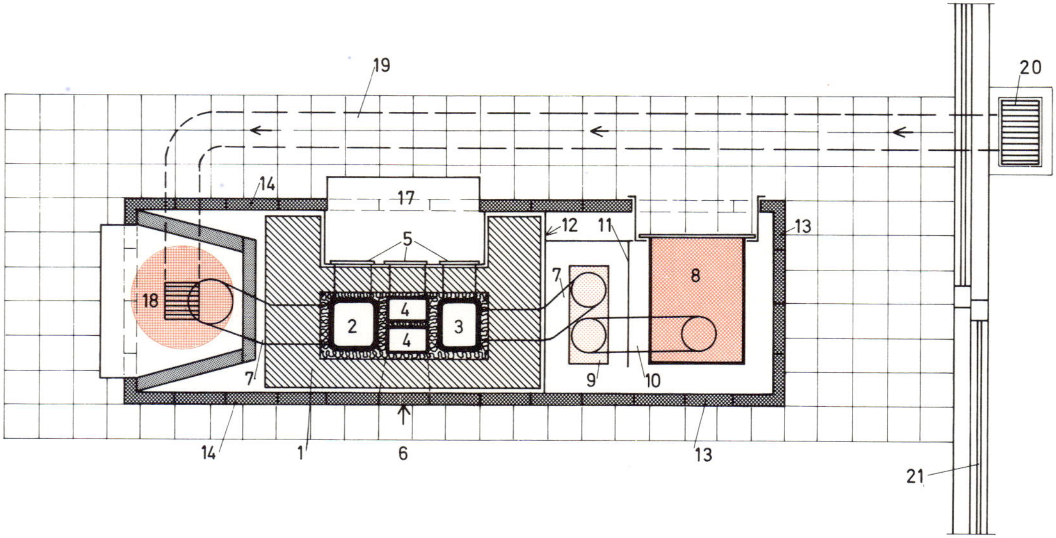

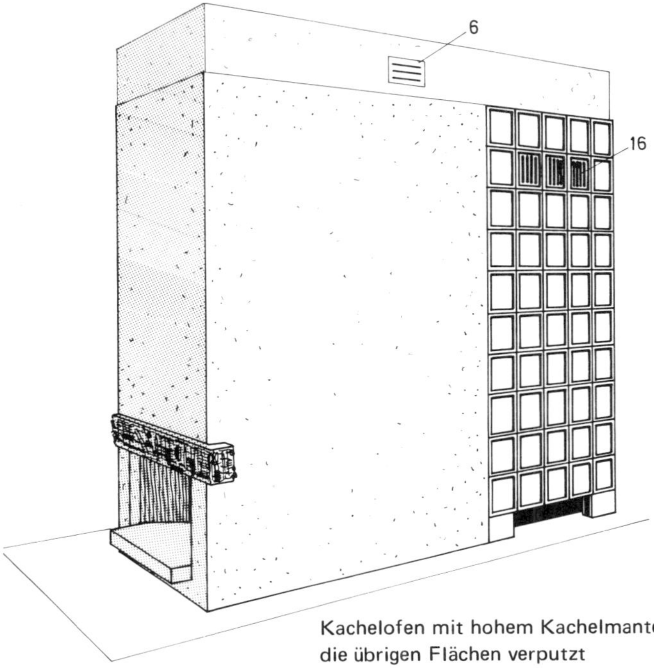

Kachelofen mit hohem Kachelmantel,
die übrigen Flächen verputzt

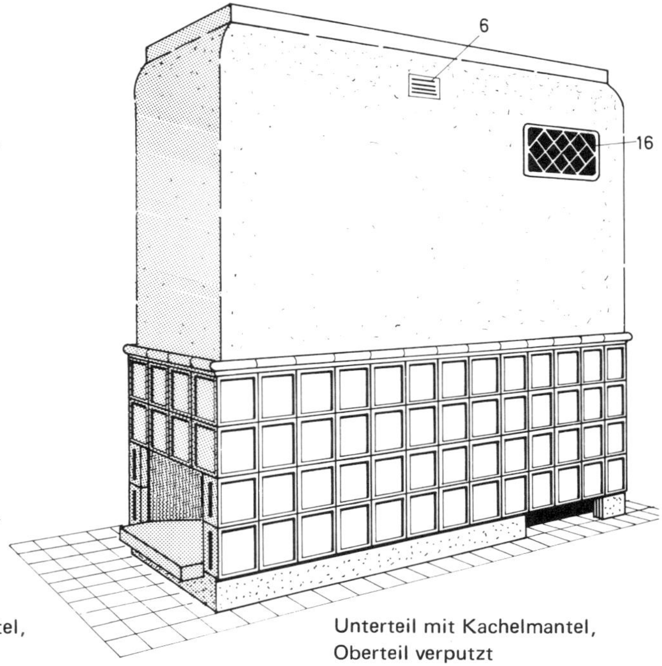

Unterteil mit Kachelmantel,
Oberteil verputzt

An eine freistehende Schornsteingruppe angebauter Warmluft-Kachelofen und offener Kamin

(hierzu die Abbildungen auf Seiten 86 und 87)

Diese beherrschende „Wärmeinsel" mit Kachelofen und offenem Kamin erfordert einen sehr großen Raum.

Nachdem zwei Feuerstätten vom gleichen Raum aus beheizt werden, erhält der offene Kamin einen besonderen Zuluftkanal.

Wie die beiden Varianten auf dieser Seite zeigen, kann die beim ersten Bild ringsum angenommene Kachelfläche aus gestalterischen und/oder finanziellen Gründen überwiegend mit größeren Putzflächen ausgeführt werden.

Warmluft-Kachelofen und offener Kamin hinter einem gemeinsamen Kachelmantel mit vorgelagerter Kachel-Sitzbank

Der Warmluft-Kachelofen und der offene Kamin sind hinter einem gemeinsamen Kachelmantel untergebracht.

Die keramischen Nachheizzüge mit Kachel-Ummantelung erwärmen ein weiteres Zimmer.

Durch die Einbeziehung der Wandfläche vor der Schornsteingruppe (17) mit einem Kachel-Blindteil ergibt sich ein dominierendes Raumelement von etwa 2,85 m Länge. Die Kachel-Sitzbank und/oder der Kachel-Blindteil können elektrisch oder mit Warmwasser direkt beheizt werden.

Je nach Raumgröße kann für den hohen Luftbedarf des offenen Kamins eine besondere Frischluft-Zufuhr erforderlich werden, besonders wenn die Fenster dicht schließen.

12 Offener Kamin
13 Strahlungsöffnung, vorteilhaft mit einseitiger Strahlungsfläche
14 Feuerboden
15 Rauchsims, ab hier bis zur Schornsteinmündung sollte die wirksame Schornsteinhöhe mindestens 6 m betragen, feuerpolizeilich vorgeschrieben sind mindestens 4 m
16 Gemauerte Schornsteine 20/20 cm
17 Schornsteingruppe mit Wärmedämmung, zugleich aussteigendes Element
18 Schamotte-Innenrohre 20/20 cm
19 Asbestzementrohre 10/16 cm

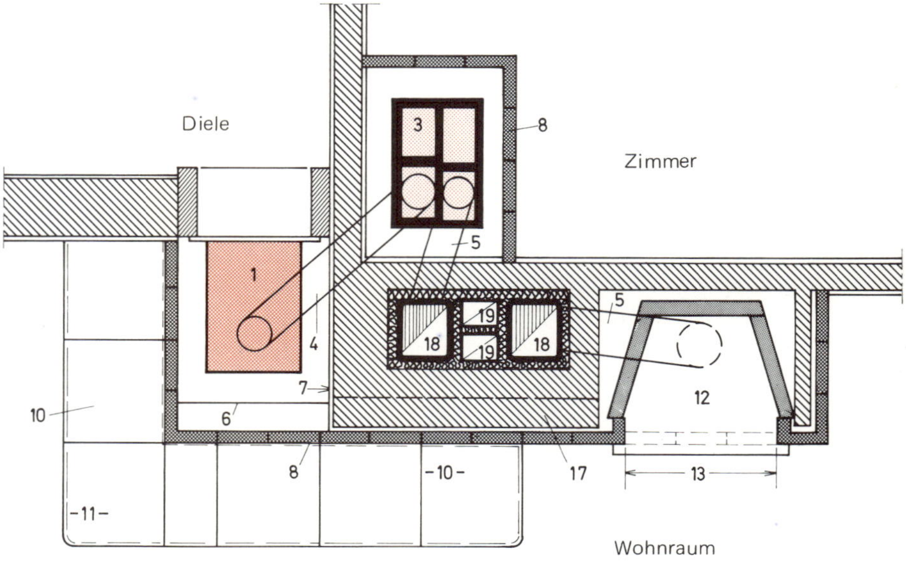

Die Gestaltung des Kachelofens

Auch der Kachelofen ist ein „Baukörper" und muß entsprechend geplant und gestaltet werden. Wer sich wegen der Ausführung seines zukünftigen Kachelofens nicht absolut sicher ist und sich in Gestaltungsfragen nicht allein auf den Kachelofenbauer verlassen will, sollte einen Architekten hinzuziehen. Der Architekt, der das Haus geplant und gebaut hat – und Sie waren zufrieden mit ihm – berät in ästhetischer Hinsicht, und soweit es die Technik betrifft, in Zusammenarbeit mit dem Kachelofenbauer. Handelt es sich um eine ausgesprochene Raumplanung, z. B. in einem bestehenden Gebäude, dann ist der Innenarchitekt zuständig.

Die äußere Gestalt des Kachelofens wurde lange Zeit durch die Stilelemente der jeweiligen Epoche geprägt, selbstverständlich unter Berücksichtigung der wärme- und feuerungstechnisch notwendigen Belange. So entstanden regelrechte Kacheldenkmäler, die uns mehr sachlich denkenden Menschen keinesfalls zur Nachahmung einladen.
Auch der heutige Kachelofen kann in Verbindung mit der übrigen Raumgestaltung stilsicher wirken, wenn die notwendige Gesamt-Harmonie besteht; von bestimmten Stilepochen ist in diesem Zusammenhang hier nicht die Rede. So wie man vergangene Stilarten nicht einfach kopieren will, so sollte man beim Bau eines Kachelofens auch modische Strömungen vermeiden. Schließlich soll der Kachelofen viele Jahre als dominierender Raumschmuck in der Wohnung stehen, auch wenn uns die damalige Mode schon längst verlassen hat oder sogar mit einem Gefühl der Abneigung betrachtet wird. Dagegen kann ein schöner und zeitlos gebauter Kachelofen zu einer Visitenkarte der Wohnung werden.

Im allgemeinen werden Inneneinrichtungen als Einheit aufgefaßt und aufeinander abgestimmt. Das ist sicherlich nicht immer notwendig. So dürfen Kachelöfen ruhig ein Eigenleben führen; sind sie gut gebaut und gestaltet, passen sie in jeden Raum. Auch Kachelöfen, die kostengünstig in Kleinserien hergestellt werden, wie z. B. der Stilkachelofen „St. Florian", können in vielen Fällen ohne Bedenken verwendet werden, zumal eine gewisse Auswahl bei der Bestimmung der Kachelfarbe bleibt. Die äußere Gestaltung des Kachelofens sollte in erster Linie auf seine Funktion als Wärmespender eingehen. Die persönlichen Wünsche und die Einordnung in die Gesamt-Raumgestaltung läßt sich dann durch Größe, Form und Farbe der Kacheln bestimmen. So erfordert z.B. beim Warmluft-Kachelofen die Heizkammer bestimmte Abmessungen, welche durch die Größe des Heizeinsatzes sowie die in recht engen Grenzen gehaltenen Umluftabstände heizungstechnisch bestimmt werden.

Die Kacheln beim Kachelofen sind nach wie vor echt. Dagegen trifft man bei den Zubehörteilen immer wieder auf sogenanntes „kunstgeschmiedetes Eisen". Gegen echte Kunstschmiedearbeiten ist absolut nichts einzuwenden, ganz im Gegenteil; eine in Handarbeit geformte Kachel kann so noch stärker betont werden. Aus diesem werkgerechten Denken heraus entstand auch das gußeiserne Gitter, roh mit Sojaöl eingelassen. Diese Gitter gibt es heute wieder in mehreren Größen und mit regelbaren Jalousien. Man sollte aber unbedingt vermeiden, „Kunstschmiedeteile" zu verwenden, bei denen es sich nur um gestanztes und geschwärztes Blech handelt – dann schon lieber z. B. eine Vortür, die mit einem serienmäßig hergestellten Gittergewebe gefüllt ist.

Die physiologische Wirkung der Farben

Farben sind Kräfte, die auf den Menschen wirken. Sie können Wohlbefinden oder Unlust, Aktivität oder Passivität erzeugen. Durch Farben kann der Charakter eines Raumes merklich beeinflußt werden; der Raum kann größer oder kleiner erscheinen.

Einzelne Körper, wozu auch ein Kachelofen gehören kann, können durch die Farbe in ihrer Wirkung hervorgehoben oder abgeschwächt werden. Eine kräftige Farbe verstärkt sein Gewicht, eine neutrale oder der Farbgebung im Raum angepaßte Farbe mildert seine Wirkung, indem sie den Körper in den Raum integriert. So läßt z. B. ein heller Boden oder eine helle Wand den dunklen Kachelofen gut zur Geltung kommen. Diese Kontrastwirkung sollte jedoch nicht zu hart sein. Umgekehrt wirken helle Kachelöfen vor dunklem Hintergrund leichter, vor allem bei einer gewissen Überdimensionierung. Der Raumeindruck kann auch durch das Zusammenwirken von Licht und Farbe stark beeinflußt werden. Beim Kachelofen besteht sogar ein Zusammenhang zwischen Licht, Farbe und ***Wärme.***

Neben der Form ist die Farbe ein dominierendes Kennzeichen beim Kachelofen. Es ist die praktisch unbegrenzt beständige Glasur des Kachelmaterials, die die Farbe des Kachelofens so wohltuend von deckenden Anstrichfarben abhebt.

Kurzgefaßte Übersicht über die Wirkung der Farben

Es ist vorteilhaft, die Wirkung der Farben zu kennen, bevor man sie anwendet.
Gemäß gängiger Vorstellung wirken

- warme, helle Farben wärmend, nähernd und aktivierend;
- warme, dunkle Farben machtvoll umschließend;
- kalte, helle Farben kühl und abweisend;
- kalte, dunkle Farben kalt und traurigstimmend.

Weiß ist das Symbol der Geistigkeit, es wirkt hygienisch sauber und verkörpert absolute Reinheit. Bei der farbigen Raumgestaltung wird weiß gebraucht, um andere Farbgruppen aufzugliedern, zu neutralisieren oder sie aufzuhellen. Ein weißer Kachelofen kann ausgesprochen vornehm wirken. Es ist von besonderem Reiz, wenn der rote Tonscherben etwas durchschimmert.

Schwarz ist das Symbol der Schwere und Trauer. Beim Kachelofen sollten nur kleinste Zubehörteile, wie z. B. Jalousieklappen und Metallfüße, in schwarz gehalten werden.

Grau ist eine neutrale, oft unsauber erscheinende Farbe. Das eintönige Grau kann verbessert werden, indem man es mit reinen Farben, wie z. B. rot, blau oder grün abmischt.

Graphit oder Anthrazit können blanken Eisenteilen, die mit Leinöl gebrannt und dann gebürstet werden, das Gepräge geben.

Gelb ist eine leicht und duftig wirkende aktive Farbe mit einer gewissen Ausstrahlungskraft. Zitronengelb erscheint etwas unreiner, während das angenehmere, wärmere Gelb mehr zu orange neigt. Gelb kann an die Natur erinnern, z. B. an reifes Getreide und helle Blüten. Gelb kann heiter stimmen, anregen, Sauberkeit vermitteln und Räume größer erscheinen lassen. Gelb, kombiniert mit rot, wirkt kraftvoll strahlend und freudig warm; gelb mit oliv dagegen mehr besänftigend. Beim Kachelofen sind Gelb- und Brauntöne der Ausdruck von Wärme, auch wenn der Ofen nicht brennt.

Beige ist eine beruhigende, warme Farbe, die in der Praxis oft dann eingesetzt wird, wenn man sich nicht für eine eindeutigere Farbe entscheiden kann oder will.

Ocker ist eine Erdfarbe von beruhigender, ausgeglichener Wärme, bei der man das Naturhafte direkt spürt.

Braun wirkt noch mehr erdhaft und naturhaft. Es vermittelt eine rustikale Atmosphäre und wird zu den dunklen Warmtönen gerechnet. In Verbindung mit olivgrün läßt sich die naturhafte Wirkung noch steigern. Braune Kachelöfen in der entsprechenden Form sind ausgesprochen behäbige Einrichtungen.

Orange ist die natürliche Farbe des Feuers und der Flamme; denn Feuer ist keinesfalls rot, sondern erst die Glut. Orange ist die Farbe mit der höchsten Impulsivkraft. Sie erinnert an leuchtende Blüten und Blumen. Die am weitesten sichtbare Farbe belebt und gibt Auftrieb. In seinen Abstufungen von gelborange bis rotorange läßt sich orange mit zahlreichen anderen Farben kombinieren, wodurch sich weitere vorteilhafte physiologische Wirkungen ergeben. So wird z. B. die Kombination von rotorange und pastellblau als das am schönsten wirkende Farbpaar angesehen.

Rot ist die anspruchsvollste und stärkste Farbe. Rot verkörpert Dynamik, Kraft und Macht. Das mehr zu orange tendierende Ziegelrot ist ein angenehmer Warmton. Ein roter Kachelofen beherrscht den Raum.

Purpur ist eine feierliche, aber auch getragene Farbe. Sie steht für Würde und Erhabenheit.

Karmin wirkt repräsentativ und gebietend.

Rosa wirkt zart, duftig, beschwingt und leicht. Manchen erscheint es süßlich oder kitschig, besonders bei Deckfarben. Schönes rosa ist mehr ein Aquarell, bei dem das weiße Papier noch durchschimmert; im zarten Schmelz von Kacheln wird dies ebenfalls erreicht.

Grün ist eine passive aber auch angenehme und beruhigende Farbe, besonders bei den mehr gelbstichigen oder olivgrünen Tönen. In der Natur ist kaum eine andere Farbe so reich an Schattierungen wie diese. Diese Vielfalt hat sich offensichtlich auch auf den Kachelofenbau übertragen. In sehr kräftiger Sättigung kann grün sogar erregend wirken (giftgrün).

Hellgrün stimmt leicht und heiter, muntert auf. Es ist raumaufhellend, ohne zu erwärmen.

Blaugrün als Farbe steht für kühle Frische und Sauberkeit. Es ist eine kalte, passive Farbe mit geringer Impulsivkraft.

Blau als passive Farbe kann mitunter Kältegefühle erzeugen. Taubenblau vermittelt Zurückhaltung und Sehnsucht; Ultramarinblau Tiefe, Ernst und Klarheit; Hellblau erinnert an die Farbe des Himmels; Dunkelbau an Gewitter und unheimliches Wasser.

Violett wird ebenfalls zu den kalten passiven Farben gerechnet. Je nach Abstufung kann violett kühl und isolierend wirken, aber auch eine gewisse Exklusivität betonen oder in unklarer Erscheinung Lebensferne bedeuten.

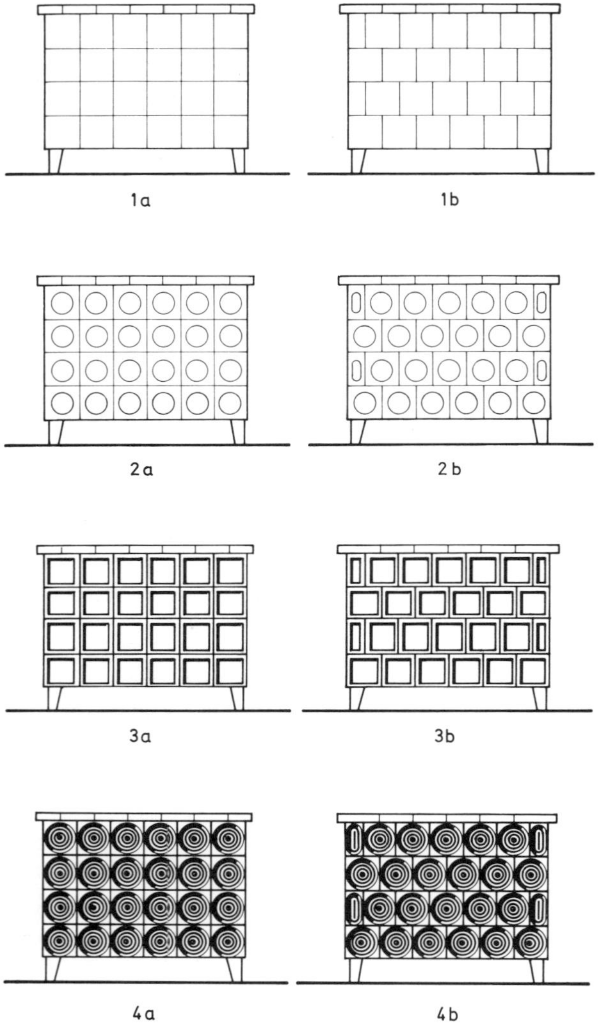

Die Anordnung der Kachelfugen als recht dominierendes Gestaltungselement

Die Wirkung von Kachelfugen

Mit diesen Darstellungen soll gezeigt werden, wie durch die Anordnung der Kachelfugen in Verbindung mit mehr oder weniger gegliederten Kacheln das Erscheinungsbild eines Kachelofens beeinflußt werden kann.

Der als Demonstrationsobjekt dienende Kachelofen mit 6 X 4 Kacheln hat Maßverhältnisse, die in etwa dem Goldenen Schnitt entsprechen.

Es ist ein Unterschied, ob die Kacheln mit Kreuzfugen (linke Reihe) oder im Verband (rechte Reihe) versetzt werden.

Grundsätzlich kann festgehalten werden, daß Kreuzfugen eine gewisse Strenge und Vornehmheit bewirken; es sei denn, die Formen der einzelnen Kacheln sind so ausgeprägt, daß sie die Wirkung des Fugennetzes überdecken.
Werden dagegen die Kacheln im Verband angeordnet, erscheint der Kachelofen mehr behäbig.

Flache Tafelkacheln mit dünnen Kreuzfugen (1a) können schlicht bis elegant wirken. Zur Belebung können Kacheln mit gemaltem Dekor, z.B. Schattenbilder aus der eigenen Familie, eingestreut werden. Die gleiche Kachel im Verband versetzt (1b) befriedigt weniger.

Auch bei den schmucklosen flachen Tellerkacheln (2a und 2b) ist das Erscheinungsbild bei Kreuzfugen angenehmer. Der nur flach eingewölbte Teller ist nicht ausdrucksvoll genug. Die Erscheinungsform wird bestimmt durch das von den quadratischen Kachelrahmen gebildete Liniengitter.

Erst bei Kacheln mit deutlicher Profilierung befriedigen beide Fugenteilungen. Diese Wirkung kann noch durch kräftige Glasurfarben gesteigert werden.

Bei Rahmen- oder Napfkacheln wird entsprechend der Rahmenbreite und Kacheltiefe die Einzelform betont. Man hat den Eindruck von aufgeschichteten regelmäßigen Quadern; bei 3a im Fugenschnitt, bei 3b im Verband versetzt.

Mit Schüsselkacheln wird diese strenge Richtung verlassen, um so mehr, je tiefer die Schüsseln sind und je weiter ihre Einformungen an den Rand der Kachel reichen (4a, 4b).

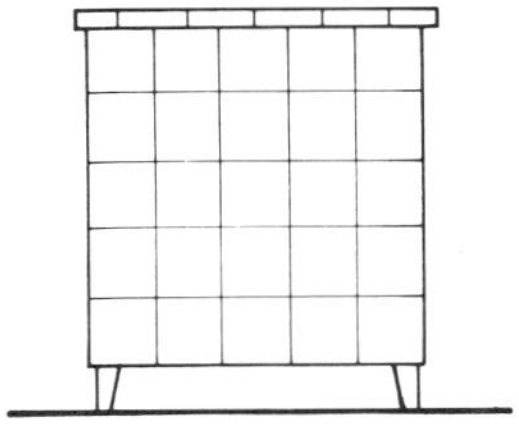

b:h = 1:1

b 1

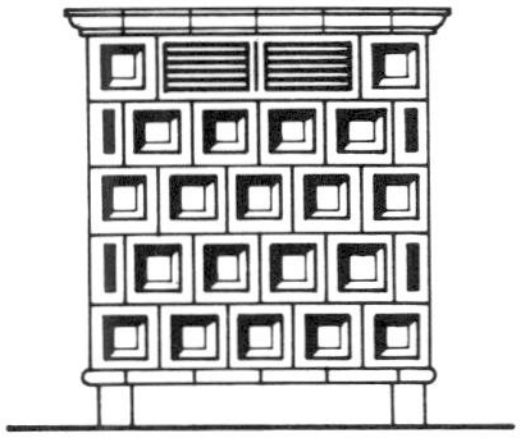

b 2

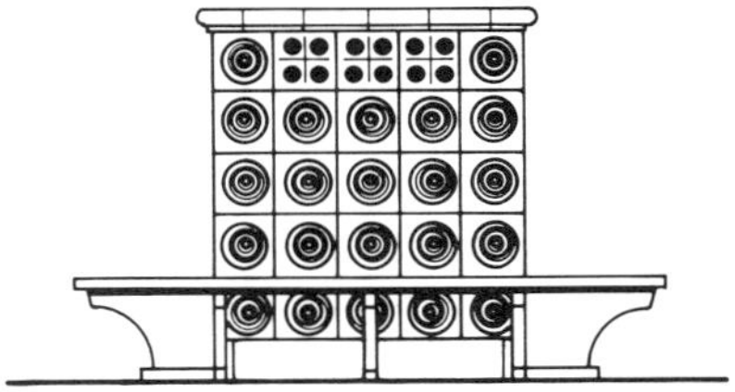

b 3

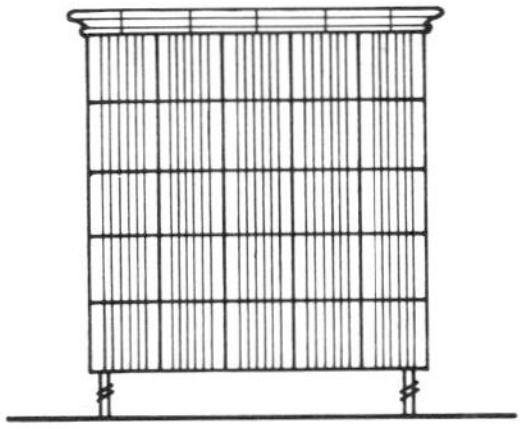

h1

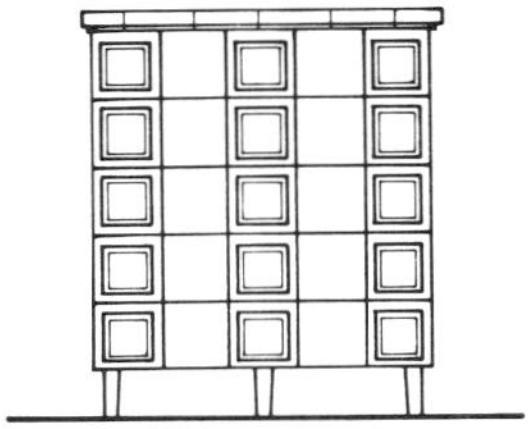

h 2

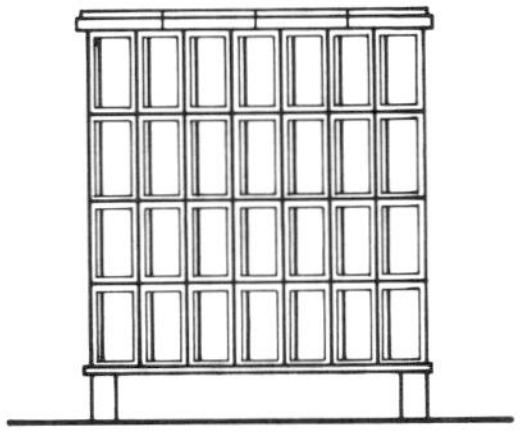

h3

Bei der Gestaltung von Kachelöfen sollten die überlieferten und bewährten Konventionen ebenfalls eingehalten werden. Außerdem ist es vorteilhaft, einen Kachelofen in Anpassung an die übrige Raumgestaltung zu gliedern und farblich zu bestimmen.
So wirkt ein Kachelofen, der in der Hauptansichtsseite im Verhältnis Breite zur Höhe 1 : 1 groß ist, z.B. 5 X 5 Kacheln, zwar neutral aber ausgesprochen richtungslos. Ist die quadratische Form aus irgendwelchen Gründen zwingend, so sollte man versuchen, durch eine zweckmäßige Anwendung von zur Verfügung stehenden Gestaltungsmitteln das unpersönliche Quadrat zu verbessern.

Bei den drei Beispielen in der oberen Reihe wird gezeigt, wie man durch eine ***horizontale*** Betonung den Kachelofen zu einem ruhig und behaglich erscheinenden Einrichtungsstück machen kann.

b1 Die obere Kachelreihe besteht aus Gitterkacheln, von denen die beiden äußeren „blind" sein können. Zur weiteren Betonung der Waagerechten können zwei Kacheln breite Bild- oder Motivkacheln eingefügt werden. Mit dazu passenden Ober- und Untersimsen sowie den runden ausgebauchten Füßen ergibt sich so ein recht ansprechender Kachelofen.

b2 Allein schon durch den Versatz der senkrechten Fugen erfolgt die Hervorhebung der Waagerechten; dazu kommt ein stark ausladendes Obersims und ein drei Kacheln breites Warmluftgitter.

b3 Die Erscheinungsform dieses Kachelofens wird im wesentlichen durch die rustikalen Schüsselkacheln bestimmt. Darüber hinaus verhilft die vorgelagerte Ofenbank zu einem breit angelegten Unterbau.

Zur Demonstration der senkrechten Ausrichtung bei einem Kachelofen mit quadratischer Ansichtsfläche dienen die drei links nebenstehenden Beispiele. Es ist bekannt, daß man mit einer vertikalen Linienführung den Eindruck einer gewissen Feierlichkeit und Strenge erwecken kann.

h1 Die mit Kreuzfugen angeordneten Kacheln zeigen senkrechte Profilierungen, die ohne Unterbrechung oder Zwischenglieder durchlaufen, wie z.B. bei Pfeifenkacheln. Bei Kacheln mit weißer Glasur auf noch durchscheinendem rotem Scherben wirkt dieser Ofen leicht und duftig. Diese Gelöstheit wird noch durch die schlanken Metallfüße unterstützt.

h2 Die strenge und fast überbetonte senkrechte Gliederung ergibt sich durch den Wechsel von glatten oder nur wenig belebten Oberflächen mit kräftig profilierten Kacheln. Als weitere Betonung der Senkrechten steht jede herausgehobene „Kachelsäule" auf einem eigenen Fuß.

h3 Durch Verwendung von Kacheln, die bereits in sich ein ausgesprochenes Rechteckformat aufweisen, läßt sich die Vertikale ebenfalls betonen. Dies gelingt um so besser, je plastischer die Kacheln in ihrer Form sind, wie z.B. bei Verwendung von Zylinderkacheln mit halbrundem Querschnitt.

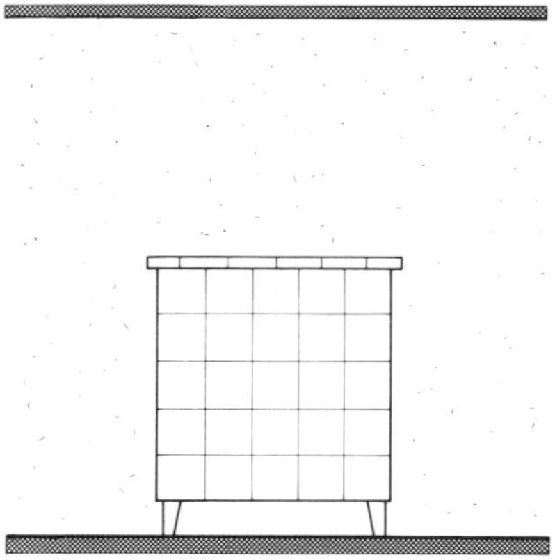

1

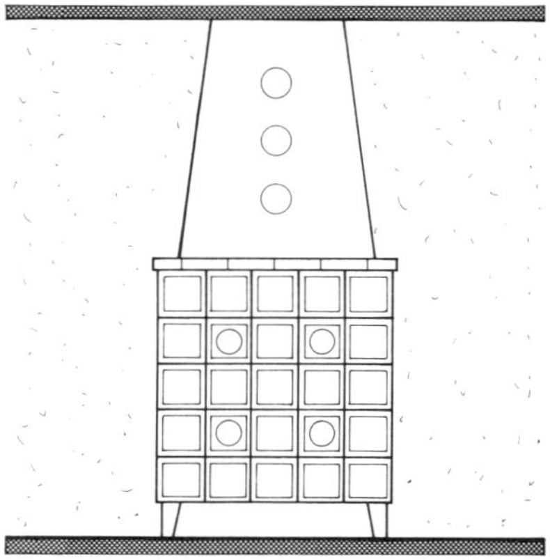

2

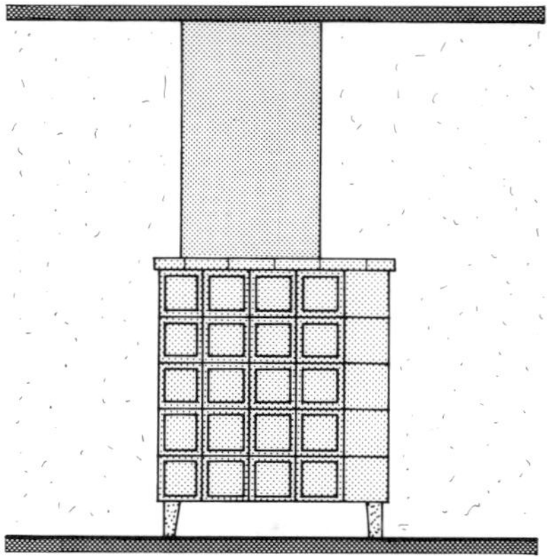

3

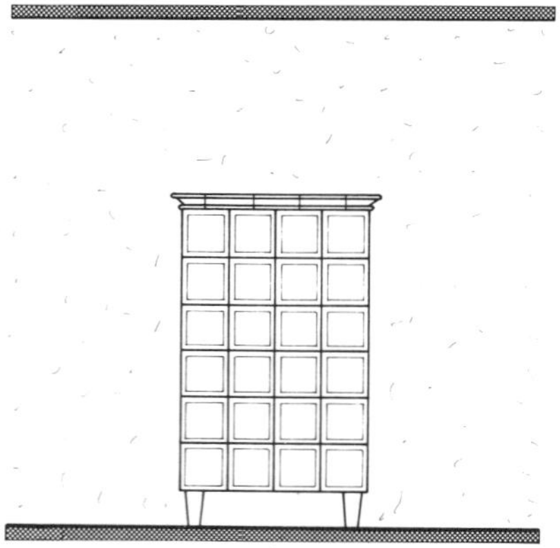

4

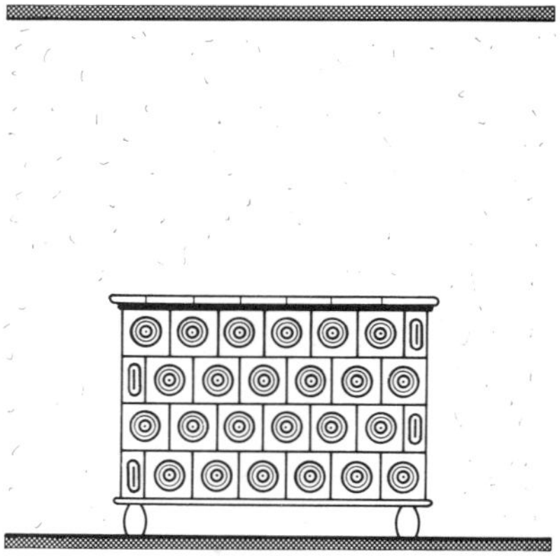

5

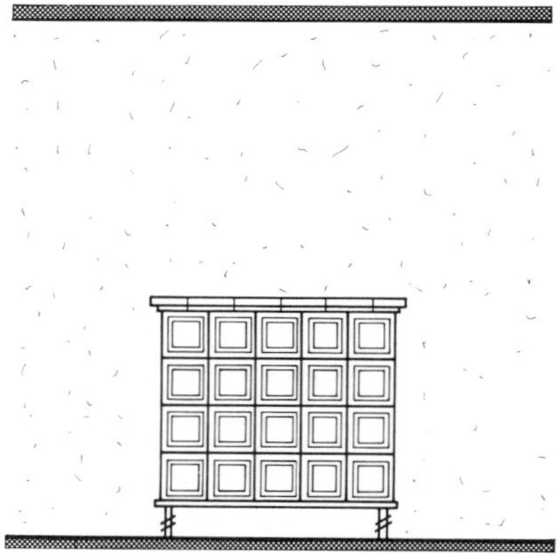

6

Der Kachelofen im Raum

1 Der auf Seite 93 gezeigte quadratische Kachelofen wirkt hier noch ungünstiger, da er den normal hohen Raum halbiert.

2 Durch den nach oben schräg verlaufenden, verputzten Aufsatz wird der Kachelofen etwas besser eingebunden, was aber immer noch nicht befriedigt. Man möchte am liebsten die obere Kachelreihe abnehmen.

3 Erst die volle Einbeziehung einer hinter dem Kachelofen stehenden Lisene (Pfeiler, Schornstein) bringt eine zufriedenstellende Lösung, besonders wenn ihre Oberfläche farblich auf den Kachelofen abgestimmt ist.

Die wohl bedeutendste Gestaltungsregel, die sich über viele Jahrhunderte erhalten hat, ist die Bestimmung der Maßverhältnisse nach dem „Goldenen Schnitt". Nach dessen Regeln soll bei einem Baukörper der kürzere Teil (Minor) zum längeren Teil (Major) im Verhältnis 21 : 34 bzw. 1 : 1,62 stehen. Das liegende oder stehende Rechteck, dessen Seitenlängen dem „Goldenen Schnitt"-Verhältnis entspricht, besitzt schöne Seitenverhältnisse.

4 Wegen der vorgegebenen Kachelmaße lassen sich die Maßverhältnisse des Goldenen Schnitts meist nur angenähert auf den Kachelofen übertragen. Der hier gezeigte Ofen entspricht etwa diesen Regeln, besonders wenn man ein kräftiges Obersims aufsetzt. Außerdem fällt die Halbierung des Raumes fort. Der Kachelofen bildet eindeutig den höheren und bestimmenden Teil.

5 Die Regeln des Goldenen Schnitts mit dem Verhältnis 4 : 6,5 Kacheln sind ziemlich exakt verwirklicht. Dieser Kachelofen hat wohlabgewogene Proportionen und wirkt ausgesprochen behaglich. Außerdem bleibt er unterhalb der Raumhalbierung.

6 Dieser ebenfalls unter der Raumhalbierung stehende Kachelofen mit 5 X 4 Kacheln erreicht zwar nicht die Idealmaße des Beispieles 5, hat aber eine ruhige Wirkung.

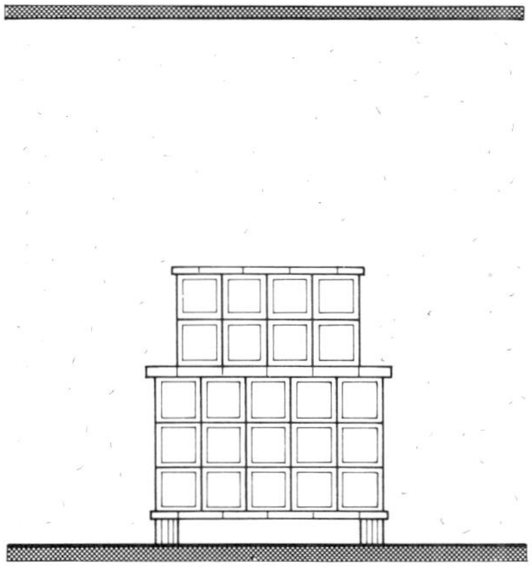

1

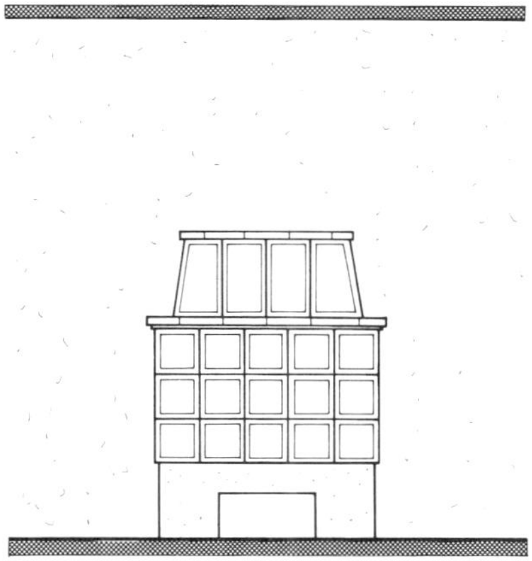

2

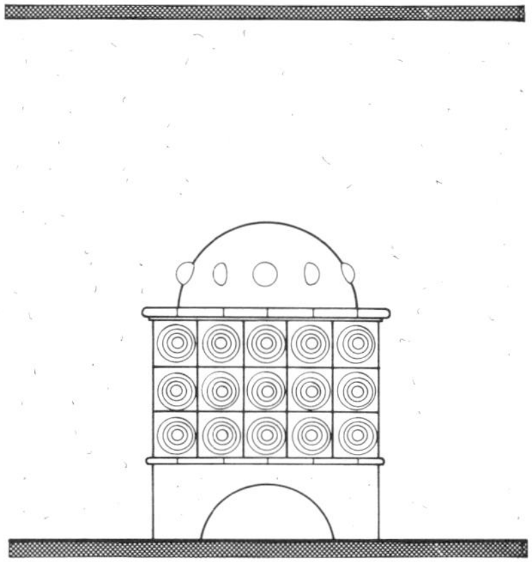

3

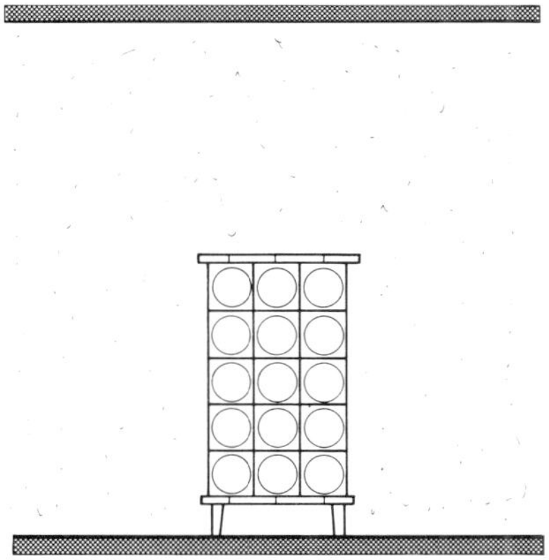

4

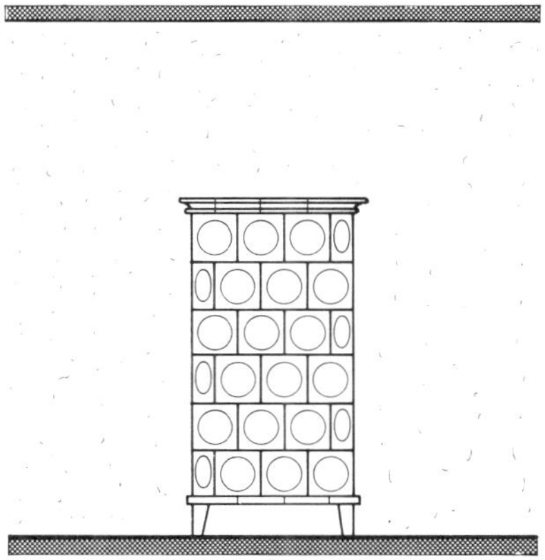

5

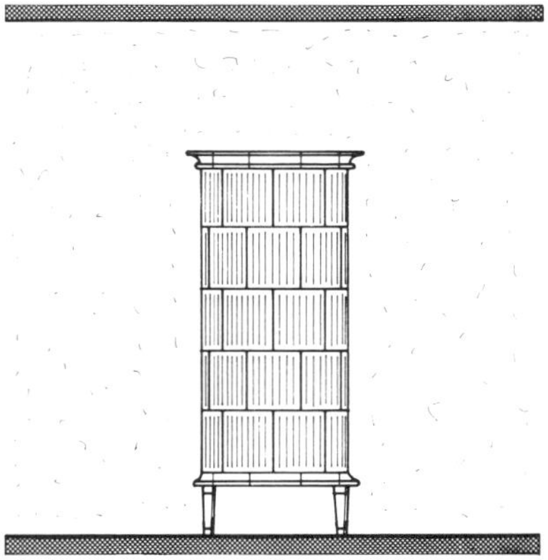

6

Die Abbildungen 1 und 2 zeigen Beispiele dafür, wie der ursprünglich 5 X 5 Kacheln große Ofen mit weiteren Mitteln gestalterisch verändert und verbessert werden kann.

1 Der untere Teil mit 5 X 3 Kacheln ist ein liegendes Rechteck mit Maßverhältnissen nach dem Goldenen Schnitt. Das zurückgesetzte Oberteil mit dem gleichen Kachelmaterial verleiht dem Ofen aber immer noch eine gewisse Strenge.

2 Der gleiche Kachelofen auf einem kräftigen gemauerten Unterbau und einem Aufsatz aus großformatigen, schräg gestellten Kacheln. Die Strenge des Ofens in Abb. 1 fehlt ihm; dafür besitzt er aber eher eine „herbe Gemütlichkeit".

3 Noch einmal der 5 X 3 Kacheln große Ofen mit gemauertem und verputztem Sockel sowie einer aufgesetzten und ebenfalls verputzten Kuppel mit eingelassenen Schüssel- oder Buckelkacheln. Ein ausgesprochen rustikaler und besonders behaglich wirkender Kachelofen.

4 Das liegende Rechteck der Abbildungen 1 bis 3 in stehender Form mit 3 X 5 Kacheln. Der Raum wird zwar wiederum halbiert, der Kachelofen hat jedoch infolge seiner sehr guten Proportion eine so starke eigene Note, daß dieser Nachteil kaum auffällt.

5 + 6 Hier handelt es sich um den von der HAGOS neu herausgebrachten Stilkachelofen „St. Florian" in rechteckiger (Seite 142) und runder Bauform. Die überhöhte Erscheinung vermittelt einen bestimmenden, ja sogar fast stolzen Eindruck, besonders bei der Rundform mit den höheren Füßen.

Entstehung und Entwicklung des Kachelofens

Die Entwicklung des Ofens als eines Wärmespenders, also auch des Kachelofens, verläuft der Entwicklung der Technik bis zum heutigen Stand parallel.

Als Vorläufer des heutigen Kachelofens kann man den bronzezeitlichen Pfahlbauofen um 2 500 v. u. Z. ansehen. Ihn benutzten die im Alpengebiet und im süddeutschen Alpenvorland lebenden Indogermanen. Bei dieser Urform handelte es sich um walzenförmige Gebilde aus Steinen und Lehm. Die Steine hatten bereits die Aufgabe, die Wärme zu speichern. Der Oberbau hatte die Form eines Tonnengewölbes. Dieser ursprünglich nur für das Brotbacken geschaffene Ofen mit seinem umschlossenen Feuerraum lieferte gleichzeitig die Wärme für den umgebenden Wirtschafts- oder Wohnraum. Damit war es den Menschen gelungen, die direkte Hitze des offenen Feuers mehr oder minder in eine länger andauernde Strahlungswärme umzuwandeln.

Die weitere Entwicklung des Kachelofens erfolgte ebenfalls im Alpenraum. Aus dem Backofen des vorgeschichtlichen Bauern entstand so der Lehmofen. In den weichen Lehm des Ofenmaterials wurden aus Ton gefertigte Töpfe eingedrückt, um damit die Wärme abstrahlende Oberfläche zu vergrößern.

Etwa seit dem 10. Jahrhundert gewann der Lehm- oder Steinofen mit dem Rauchabzug über einen eigenen Schornstein an Bedeutung. Es waren gemauerte Öfen mit kubischem Unterbau und einem gewölbtem Oberbau mit eingesetzten Kachelschüsseln. Diese über 1 000 Jahre alte Ofenform ist heute noch in Südtirol anzutreffen.

Der eigentliche Kachelofen, dessen Ummantelungen ausschließlich aus Kacheln besteht, war erst möglich, als es den Töpfern gelang, aus den runden keramischen Schüsseln quadratische Kacheln mit angeformten Rändern zu fertigen. Diese Entwicklung beginnt mit dem 14. Jahrhundert. Der Kachelofen machte dann in seiner äußeren Gestaltung alle Baustile mit, von der Gotik über Barock, Rokoko, Biedermeier bis fast in unsere Tage. Eine Hochzeit für die Kunst des Kachelofens war das 16. und 17. Jahrhundert.

In der nachstehenden Aufzählung sollen die typischen Merkmale des Kachelofens in den verschiedenen Stilepochen kurz dargestellt werden.

Gotik (ca. 1200 bis 1500)

Beim Kachelofen wurden die für die Gotik typischen Stilelemente ebenfalls übernommen. Sie zeigten eine ausgeprägte Turmform mit teilweise sakralem Charakter. Neben Zylinderkacheln als schlanken stehenden Rechtecken wurden mehr oder minder reich dekorierte tafelförmige Reliefkacheln verwendet. Bekannte Holzschnitzer dieser Zeit schufen Kachelformen, sogenannte „Model", mit deren Hilfe Kacheln geformt wurden.
Aus dieser Zeit ist uns auch die älteste zeichnerische Wiedergabe eines Kachelofens erhalten geblieben.

Verbessert wurde auch die Technik der Ofenkachel. Zur Stabilisierung der einzelnen Kacheln und besseren Verbindung untereinander wurden auf der Rückseite sogenannte „Rümpfe" angebracht. Ausserdem gab es erstmals Eckkacheln, die ebenfalls die Standfestigkeit der Öfen verbessern.

Im bäuerlichen Bereich blieb während dieser Zeit die Schüsselkachel mit meist grüner Glasur nach wie vor dominierend. Kachelöfen dieser Art können als Prototyp des deutschen Bauernofens angesehen werden.

Renaissance (ca. 1525 bis 1675)

Der Kachelofen erlebte eine weitere Steigerung. Italienische Einflüsse machten sich auch im Kachelofenbau immer mehr bemerkbar. Es entstanden große Kachelöfen in kubischer Form in wohlabgewogenen Proportionen. Eingeführt wurden die abschließenden Simse, wodurch die horizontale Gliederung noch mehr unterstrichen wurde.
In der Hochrenaissance erhielten die Kachelöfen oft überladene Flächenmuster mit vielen figürlichen und ornamentalen Einzeldarstellungen.

Manierismus (ca. 1600 bis 1620)

In dieser nur kurze Zeit dauernden Kunstepoche zeigten die Kachelöfen bereits Dekorationsformen des aufkommenden Barock. Der von Italien ausgehende Einfluß machte sich noch mehr bemerkbar.

Zu Beginn des 17. Jahrhunderts kam im alemannischen Raum die sogenannte „Ofenkunst", kurz auch nur „Kunst" genannt, auf. Es handelt sich hierbei um eine aus Kacheln gefertigte Sitzbank, bei der die abströmenden Rauchgase zur Aufheizung genützt wurden. Diese Kachelbänke werden heute noch besonders im Schwarzwald und in der Schweiz ausgeführt.

Barock (ca. 1650 bis 1750)

Auch hier ist der Einfluß des Baustils auf die Gestaltung der Kachelöfen unverkennbar. Sie sind meist frei gestaltet mit leichtem plastischen Schmuck und einer farblichen Bearbeitung der Einzelteile. Die freizügige Gestaltung ließ sich mit Hilfe großer Tonblätter ermöglichen, die entsprechend modelliert wurden.

Rokoko (ca. 1730 bis 1775)

Die bemalte glatte Tafelkachel mit geschwungener Oberfläche und unregelmäßigen Umrissen bringt es in dieser Zeit zur höchsten Blüte. Die Kachelöfen des Rokoko wirken leicht; sie waren Wärmespender und erheiterndes Einrichtungsstück zugleich. Im Ofenbau war mit dem Rokoko eine Stilepoche zu Ende gegangen, die als letzte noch ausgeprägte eigene Züge aufwies.

Louis-Seize-Stil (ca. 1770 bis 1790)

In dieser kurzen Stilepoche wurden Dekorelemente aus den orientalischen Kulturkreisen übernommen. Die Glasurfarben waren durchweg weiß und gold.

Klassizisismus (ca. 1770 bis 1850)

Es erfolgte eine Abkehr von den überschwenglichen Formen des Barock und Rokoko. Die Kachelöfen dieser Zeit zeigen klare, gegliederte Formen mit ausladenden, markanten Simsen. Die in den Baustil eingegangenen Motive aus der Antike findet man auch bei den Kachelöfen. Besonders beliebt war der Rundofen in seiner beherrschenden Form.

Biedermeier (ca. 1825 bis 1850)

Die Kachelöfen wurden im Format wieder kleiner und erhielten eine mehr schmückende Ausgestaltung, dazu aufgesetzte Schmuckformen, wie z. B. Vasen. Eingebaut wurden auch die heute noch bekannten Wärmeröhren aus Blech, die zu einer rascheren und erhöhten Wärmeabgabe beitrugen.

Empire (ca. 1795 bis 1815)

Diese kurze Stilepoche kann als Höhepunkt der umfassenden Epoche des Klassizismus angesehen werden. Einen starken Einfluß übte die Antike aus. An den meist säulenförmigen Kachelöfen finden sich vor allem ägyptische Dekorelemente.

Weitere Perioden waren die **Neugotik** und das ausgehende 19. Jahrhundert. Im Ofenbau sind neugotische Stilelemente zum ersten Mal um etwa 1830 festzustellen. Es waren Öfen mit Formen des ausgehenden Biedermeier und der Neugotik gleichzeitig.
Es folgten der **Spätklassizismus** und die **Neuromanik**.

Gründerzeit (ca. 1872 bis 1895)

Diese Epoche hatte zwar Geld, aber keinen eigenen Stil. Man liebte vielmehr Nachahmungen vergangener Kunstrichtungen; Neugotik oder Neoklassizismus hießen die Versuche, sie nachzuempfinden. Die Wohnungsöfen waren 7 bis 9 Kachelschichten hoch, entsprechend den damals sehr hohen Wohnräumen. Die Öfen der Gründerzeit besaßen zwei bis drei Wärmeröhren, einen wuchtigen Unterbau und einen hohen, etwas zurückspringenden Oberbau. Die Gesamthöhe betrug bis zu 2,80 m. Es war auch die Zeit der sogenannten ,,Berliner Öfen'', die anstelle der Wärmeröhren zierende Nischen aufwiesen und durchweg in deckendem weiß gehalten waren.

Jugendstil (ca. 1895 bis 1910)

In dieser kurzen Kunstepoche wollte man sich kompromißlos von den vorausgegangenen unschöpferischen Stilnachahmungen lösen. In der Struktur hatten die Kachelöfen im wesentlichen die Bauformen des Spätklassizismus. Die Kacheln dagegen waren mit dem typischen Dekor des Jugendstils — fließenden, schmelzenden Naturformen (Blüten, Lianen) nachempfundenen Linienzügen — reich ornamentiert.

Nach dem Ersten Weltkrieg

Architektur und die Innenausstattungen wurden nüchterner und sachlicher, und damit auch die Kachelöfen. Gelegentlich wurde das Vier- oder Rechteck in eine andere, aber doch noch streng geometrische Grundform abgewandelt. Mit der Belebung durch eingestreute Motiv- oder Reliefkacheln wurde sehr sparsam umgegangen.

Der Kachelofen heute

Unsere heutigen Kachelöfen sind glücklicherweise nicht an den herrschenden ,,Baustil'' gebunden. Aus der vergangenen Zeit ist uns der rustikale Bauernofen verblieben. Ansonsten werden Kachelöfen nach dem persönlichen Geschmack oder allgemein gültigen ästhetischen Regeln geschaffen. Wie zu allen Zeiten sollen sie nicht nur Wärmespender, sondern auch Schmuckstück sein. Trotz der Bewahrung des herkömmlichen Erscheinungsbildes hat im Kachelofenbau die moderne Heiztechnik Eingang gefunden. Es gibt kaum ein modernes Heizsystem, das sich nicht mit einem Kachelofen kombinieren läßt, mit einem Leistungsvermögen bis zu etwa 35 kW.

Auch die zur Zeit gebräuchlichen Kachelofen-Warmluftheizungen haben hinsichtlich ihrer Wirkungsweise ein sehr altes Vorbild, die Hypokausten-Heizung der alten Römer. Dabei handelte es sich um Warmluftkammern, die senkrecht und waagerecht in Wänden und Fußböden angeordnet waren. Die Erzeugung der warmen Luft erfolgte an zentraler Stelle außerhalb der zu erwärmenden Räume.

Nach Durchsicht dieses kurzgefaßten geschichtlichen bzw. kunstgeschichtlichen Überblickes wird uns die lange Tradition des Kachelofens erst richtig bewußt.

Solide gebaute und entsprechend gewartete Kachelöfen haben eine lange Lebensdauer. Der uns bekannte älteste Kachelofen, der noch beheizbar ist, ist immerhin über 500 Jahre alt.

Die Bilder von einigen typischen Kachelöfen ihrer Zeit sind auf den Seiten 101 bis 104 zu finden.

Literaturverzeichnis

Beratungsstelle für Holzfeuerung: Kachelofen-Zentralheizungen mit neuzeitlicher Holzfeuerung, Solothurn 1961

Dickmann, H.: Kamine drinnen und draußen, 4., völlig neu bearb. Aufl., Braunschweig und Wiesbaden 1980

Henhapl, N.: Holzbrandkachelöfen, Stuttgart 1975 (Informationsstelle Kachelofen).

Hebgen, H.: Neuer baulicher Wärmeschutz. Braunschweig 1978

Mittermayr, J.: Kleine Kachelofen-Stilkunde, Stuttgart 1975 (Informationsstelle Kachelofen)

Mittermayr, J.: Raumklima und Kachelofen, Stuttgart 1977 (Informationsstelle Kachelofen)

Pfestorf, K. H. Örtliche Raumheizung, Bände 1 und 2, Berlin (O) 1978

Recknagel-Sprenger. Taschenbuch für Heizung und Klimatechnik, 58. Ausgabe, München/Wien 1974

Rheinisch-Westfälisches Elektrizitätswerk AG: RWE-Bauhandbuch Technischer Ausbau 1979/80, Essen 1978

Schneider, A.. Die gesunde Heizung, Rosenheim 1979

Verschiedene Autoren: Behaglichkeit durch offene Kamine und Kachelöfen, Stuttgart 1979

Darüber hinaus wurden zahlreiche Merkblätter der Informationsstelle Kachelofen, Postfach 80 05 01, 7000 Stuttgart 80 (Vaihingen) ausgewertet.

Weitere Literaturstellen sind die im Text des Buches genannten Gesetze, Vorschriften und DIN-Blätter.

Hinweise zum Bildteil

Die bisher eher technischen Beschreibungen konnten durch gezeichnete Darstellungen erläutert werden, auch was die äußeren Abmessungen und Formen betrifft. Die Schönheit des Kachelmaterials sowie die Wirkung eines Kachelofens in seiner Umgebung kann jedoch nur anhand von Bildern gezeigt werden. Sie sind meist eindrucksvoller als jede noch so ausführliche Beschreibung; auf Bildunterschriften wurde deshalb verzichtet.

Unmittelbarer jedoch sind die Eindrücke, die nur der aufgebaute Kachelofen oder die Ofenkachel im Original vermitteln kann. Jeder Kachelofenbauer verfügt über eine Auswahl von Musterkacheln und zeigt aufgebaute Öfen im Original. Wird weitere Auswahl gewünscht, so vermittelt er Kontakte zu den Ausstellungen der Hersteller und Zulieferer.

Zu Beginn des Bildteils werden einige treffende Abbildungen zu den einzelnen Stilepochen gezeigt, so wie sie ab Seite 96 kurz beschrieben werden.

Es folgen dann – und das ist der weitaus größere Teil – Bilder von Kachelöfen, so wie sie heute gebaut werden. Hierbei sieht man recht deutlich, daß Kachelöfen keine Konfektionsware sind. Jeder Ofen ist einzeln gestaltet und an die Raumverhältnisse angepaßt, wobei die Frage der Beheizung sekundärer ist.

Über Geschmack läßt sich bekanntlich streiten – über Stilbewußtsein nicht –, aber eines zeigen alle Darstellungen sehr deutlich, nämlich die durch kein anderes Material zu ersetzende Schönheit einer fachgerecht gesetzten glasierten Kachelfläche.

Sämtliche Aufnahmen des Bildteils wurden von der Informationsstelle Kachelofen, Postfach 80 05 01 in 7000 Stuttgart 80 zur Verfügung gestellt. Dort können Interessenten weitere Informationen über den Kachelofen von heute anfordern. Sie erhalten gleichzeitig (und unverbindlich) auch eine Liste mit regionalen Anschriften fachlich geprüfter Kachelofenbauer.

Gemauerter und verputzter Stubenofen (romanisch) mit Ofenbank und Ofengestellt, so wie er heute noch in Tirol anzutreffen ist.

Gotischer Kachelofen aus handgedrehten tiefen Schüsselkacheln, der Vorläufer des deutschen Bauernofens.

Gotischer Turmofen, Burg Meran, 15. Jahrh. Unterbau aus quadratischen Schüsselkacheln, Oberbau mit eingesetzten Wappen, abschließende Zinnenbekrönung.

Mächtiger Renaissanceofen, reich gegliedert mit eingesetzten Flächenmustern.

Barockofen in bunter Bemalung mit kubischem Unterbau und zurückgesetztem Oberbau mit Säulenlisenen.

Kleiner Barockofen mit dunkelglasierten Kacheln, Simsen und Schmuckteilen.

Der Winterthurer Kachelofen aus dem Jahre 1685 (Barock) im historischen Ratssaal des wieder hergestellten Rathauses von Isny (Kreis Ravensburg).

Barockofen mit handbemalten Kacheln, kräftigen Simsen und Bekrönung.

Biedermeier-Rundofen mit aufgesetzter Schmuckplastik.

Biedermeierofen in quadratischer Form mit eingebauten Wärmeröhren.

Beherrschender Empire-Rundofen mit betonten Dekorelementen.

Mächtiger Kachelgrundofen aus der Gründerzeit.

Bäuerlicher Barockofen, freigestellt auf Eisenfüßen.

Ein Kachelofen in ,,Bauern-Barock", so wie er auch heute noch erhältlich ist.

Schwarzwälder Bauernofen mit ,,Kunst" aus dem späten 17. Jahrhundert.

WISSEN
WISSEN